Rosina-Fawzia Al-Rawi

# ZWISCHEN TISCH UND DIWAN

Die Deutsche Bibliothek – CIP-Einheitsaufnahme
**Rawi, Rosina-Fawzia /al-:**
Zwischen Tisch und Diwan : ein orientalisches
Kochbuch / Rosina-Fawzia Al-Rawi. – Wien :
Promedia, 2000.
ISBN 3-85371-155-3


Umschlaggestaltung: Scheubmayr & Berthold Ges.b.R.
Lektorat: Erhard Waldner
Druck: WB-Druck
Printed in Austria
ISBN 3-85371-155-3

# Zwischen Tisch und Diwan

Rosina-Fawzia Al-Rawi

## Ein orientalisches Kochbuch

PROMEDIA

In Liebe an meine Schwestern
Rani-Patricia und Rani-Regina

*„Wenn du nicht gefüttert worden bist, sei Brot."*

Maulana Jaladin Rumi

Illustrationen von Huda Al-Jamal

# Inhaltsverzeichnis



## Grundrezepte und kleine Beilagen

## Gemüsegerichte

*Gemüse und die ganze Welt*

## Eigerichte

*Ein Ei kommt selten allein!*



## Hülsenfrüchte

*Kichererbsen und ihre Freunde*

## Reisgerichte

*Majestät Reis und ihr Gefolge*



## Getreide

*Bauer Burghul und seine Verbündeten*



## Suppen

*Der wärmende See*

## Saucen

*Der Fluß des Gaumens*



## Salate

*Gedichte in Grün*



## Süssspeisen

*Die Süße des Moments*

**Die Autorin**

Rosina-Fawzia Al-Rawi ist Arabistin und Ethnologin. Ihre Kindheit verbrachte sie im Irak und im Libanon, später studierte sie an den Universitäten in Kairo und Wien. Sie ist Mutter von drei Kindern und lebt in Jerusalem/Al Quds und Wien. Im Promedia Verlag erschienen von ihr „Gelber Himmel, rote Erde. Frauenleben in Palästina" (1994) sowie „Der Ruf der Großmutter oder die Lehre des wilden Bauches" (3. Auflage: 1999).

# Die Würze des Alltags

Die Wurzeln der arabischen Küche finden sich sowohl in der Beduinen- als auch in der Seßhaftenkultur.

Die Beduinen verwendeten für ihre Ernährung Produkte, die man leicht und ohne Schaden über längere Strecken transportieren konnte, etwa Datteln oder beweglichen „Vorrat“ in Form von Schafen und Kamelen. Natürlich ernährten sie sich auch von den Milchprodukten ihrer Tiere. Datteln, Butter und Milch zählten zu ihren Hauptspeisen.

Die Küche der seßhaften Bevölkerungen in Ägypten, Palästina, Syrien und im Irak basierte in vorislamischer Zeit – wie in den meisten traditionellen Gesellschaften – vor allem auf Getreide. Getreide wurde auf vielfältige Weise gegessen, vom rohen Zustand bis hin zum gemahlenen für Brot und Kuchen. Den zweiten Schwerpunkt der Ernährung bildeten Gemüse und Hülsenfrüchte. Es war üblich, verschiedene Getreidearten mit Hülsenfrüchten zu kombinieren und daraus variationsreiche Brotarten zu backen.

In Ägypten kann man manche Gerichte bis in die Pharaonenzeit zurückverfolgen, etwa die *muluchiyya*-Suppe (*muluchiyya* ist ein spinatähnliches Gemüse) oder das *bamia*-Gericht, eine Okra-Speise.[1]

Durch die immer weiter ausgreifenden Wanderungen der Beduinen vermischten sich mit der Zeit die Küchen der Beduinen und der seßhaften Völker. Von Region zu Region bildeten sich unterschiedliche Varianten und Vorlieben heraus. Kulinarisch sind alle Länder von Marokko bis Oman miteinander verbunden und bilden die sogenannte „orientalische Küche“.

Der Orient – oder, um präziser zu sein: der Nahe Osten – besteht aus vielen Ländern, Völkern und Religionen. Geographisch, klimatisch und sozial ist er ein kontrastreiches und aufregend vielfältiges Gebiet. Er ist die Geburtsstätte der modernen Zivilisation, der meisten Religionen und Philosophien, die noch heute die Welt bestimmen. Gesprochen wird in dieser Region – bis auf einige wenige Ausnahmen – Arabisch, und gebetet wird nach islamischen Riten, wobei natürlich auch andere Glaubensgemeinschaften hier ansässig sind.

Ich habe für dieses kulinarische Buch die Welt des fruchtbaren Halbmondes ausgewählt, die folgende Länder beinhaltet: Ägypten, Palästina,

Jordanien, den Libanon, Syrien und den Irak. Dazu sei es mir gestattet, bei einigen Gerichten die marokkanische Küche miteinzubeziehen, allerdings nur solche Rezepte, die mittlerweile auch in anderen arabischen Ländern gekocht werden.

Viele der heute bestehenden Gewürzmischungen, Koch- und Zubereitungsweisen haben eine weit zurückreichende Tradition.

Mit der Geburt des Islam im 7. Jahrhundert und seiner immensen Ausbreitung entwickelte sich ein Imperium, das sich von der iberischen Halbinsel bis nach China erstreckte und sowohl das byzantinische als auch das persische Reich miteinbezog. Die erste Hauptstadt dieses riesigen Reiches war Damaskus, regiert von den Omajjaden, die sich strikt nach arabischen Sitten richteten.

Als dann im Jahr 762 Bagdad zur Hauptstadt aufstieg[2] und die Abbasiden die Herrschaft übernahmen, bekam das Leben einen kosmopolitischen Charakter. Die Abbasiden waren stark beeindruckt von der Brillanz und Fülle der Sassaniden, die sie unterworfen hatten, sowie von den Umgangsformen und der Lebensweise der persischen Aristokratie.

Arabisch-beduinischer Mut, Ritterlichkeit, Liebesfähigkeit und Sinn für Freiheit mischten sich mit persischer Aristokratie, dem Sinn für Schönheit, mit Pracht und mit dem Wissen um eine Kultur, deren Reichtum bis heute nachvibriert und sich in vielen Bereichen widerspiegelt, eben auch im Kulinarischen. Viele arabische Gerichte wurzeln in jener Zeit der abbasidischen Dynastie. Die Feste und Bankette am Hof der Kalifen von Bagdad sind bis in unsere Tage sprichwörtlich bekannt geblieben. Viele Lieder, Gedichte und Legenden über das Essen entstanden und fanden auch in den Geschichten von „Tausendundeiner Nacht" Ausdruck.

Um einen Eindruck von der arabischen Küche und ihren Gebräuchen zu vermitteln, will ich versuchen, eine kulinarische Reise in die „goldene Zeit" der Araber anzutreten und einen Blick in ihre Töpfe zu werfen. Als „goldene Zeit" wird die erste Hälfte der Abbasiden-Ära bezeichnet, also vom 8. bis zum 10. Jahrhundert.

Drei Kochbücher sind uns aus dieser Zeit erhalten geblieben. Fleischgerichte spielten auf der Speisekarte der Reichen eine große Rolle. Ärzte empfahlen das Essen von Hühnern, und auch Fische, vor allem aus dem Euphrat, nahmen einen wichtigen Platz im abbasidischen Menü ein. Die Reichen verspeisten die großen Fische, während sich die ärmere Bevölkerung mit den kleinen begnügen mußten. Vielleicht stammt aus dieser Zeit die Redewendung „große und kleine Fische“ in bezug auf Macht bzw. Ohnmacht der Menschen.

Der Orient war in jenen Tagen ernährungsbewußt, und wer es sich leisten konnte, ließ sich von Ärzten und Ernährungsexperten beraten sowie spezielle Diäten bzw. kleine, auf sein Temperament, seine Körperkonstellation und seinen Gesundheitszustand abgestimmte Kochbücher zusammenstellen. Allgemeine Aussagen der Ärzte über verschiedene Nahrungsmittel wurden, soweit es möglich war, auch von der einfachen Bevölkerung befolgt.

Hier ein kleiner Einblick in das damalige Nahrungsangebot:

## Brot

Die Abbasidenzeit kannte viele Varianten an Brotarten. Brot wurde aus Gerste, Reis, Hirse oder Weizen zubereitet und hatte verschiedene Formen und Namen. Der Irak war ursprünglich ein Weizenland, in dem große Mengen auch für den Export angebaut wurden. In den Städten wurde das Korn in Mühlen gemahlen, während es auf dem Land Frauensache war, das Mehl herzustellen. Es gab zwei Varianten von Weizenbrot: Die eine namens *chubz al-huwwara* machte man aus fein gemahlenem weißem Mehl – diese Art wurde vor allem von den Reichen konsumiert –, die andere Sorte namens *chubz al-chaschkar* entstand aus grobem, ungeschältem Mehl.[3] Brot wurde auch mit Honig, Mandeln oder Zucker gefüllt.

Da Reis sehr billig war, aßen vor allem die ärmeren Menschen aus Reismehl zubereitetes Brot, *chubz al-aruz*.

## Reis

Reis bauten die Menschen vor allem in Obermesopotamien, Palästina und Ägypten an. Der Konsum von Reis nahm zur Abbasidenzeit stark zu, obwohl Reis anfänglich meist nur für Süßspeisen Verwendung fand. Reis mit Butter, Milch und Staubzucker war ein sehr beliebtes Gericht.

Die meistverbreitete Kochweise von Reis hieß *ruz mufalfal*, wobei der Reis mit Öl oder einem fetten Stück Fleisch gekocht und mit Salz, Pfeffer, Koriander, Kumin, Zimt und Safran gewürzt wurde.

## Gemüse

*„Ein Mahl ohne Gemüse ist wie ein alter Mann ohne Weisheit."*
*„Gemüse ist das Ornament des Eßtisches."*
Sprüche wie diese weisen auf die Wichtigkeit von Gemüse in der Speisekarte der alten Araber hin. Da es relativ günstig zu beschaffen war, konnte sich auch die einfache Bevölkerung Gemüse leisten.

Der Irak und Syrien waren bekannt für den Anbau von Gemüse und Obst. Radieschen, Mangold, Lauch, Kopfsalat, Spinat, Kresse, Kichererbsen, Gurken und Zichorie standen auf der Speiseliste und wurden entweder roh oder gekocht gegessen. Folgende Gemüsearten waren besonders populär:

***Auberginen***
Auberginen wurden entweder mit Fleisch gekocht, eingelegt, als Saucen oder separat als Gemüse verspeist. Vor allem gebratene Auberginen erfreuten sich großer Beliebtheit und durften bei keinem Mahl fehlen. Zur Zeit der Abbasiden waren die Auberginen das ganze Jahr über zu bekommen, was natürlich zu ihrer Verbreitung beitrug.

***Bohnen***
Bohnen erfreuten sich sowohl bei den Armen als auch bei den Reichen großer Beliebtheit. Sie wurden entweder gedünstet oder geröstet gegessen. Grüne Bohnen wurden geschält, in gesalzenem Wasser gekocht und mit ein wenig Sesamöl oder Walnußöl serviert. Die besten Bohnen kamen angeblich aus der Region um Kufa im Süden des Iraks.[4]

***Karotten***
Karotten verwendete man meist nur zusammen mit Fleischgerichten. Gekochte Karotten wurden mit Essig, Oliven und einer Gewürzmischung (Salz, Zimt, Safran und eine Prise Mehl) verspeist. Wer etwas auf sich hielt, vermied es, Karotten zu essen.

***Knoblauch***
Knoblauch wurde „Bernstein der Saucen" genannt[5] und durfte bei keinem Fleischgericht fehlen. Bei Hühnergerichten kam er allerdings nicht in den Topf. Knoblauch wurde von den Ärzten empfohlen und erfreute sich trotz seines Geruchs großer Beliebtheit.

***Kürbis***

Kürbis war eine beliebte Gemüseart, die man das ganze Jahr über bekommen konnte. Er fand in mehreren Gerichten Verwendung und wurde auch separat als ein Gericht namens *qar' bi-laban* mit Milch gekocht.[6]

***Minze***

Minze galt als Appetitanreger; viele Speisen wurden mit frischen oder getrockneten Minzblättern verfeinert.

***Zwiebel***

Zwiebeln, geschält und in kleine Stücke oder Scheiben geschnitten, wurden hauptsächlich zu Fleischgerichten verwendet. Manchmal dekorierte man Speisen mit rohen Zwiebelscheiben. Das Essen von rohen Zwiebeln galt allerdings als unschicklich, da schon der Prophet Muhammad auf den unangenehmen und belästigenden Geruch hinwies.

## Obst

Obst verspeiste man sowohl vor als auch nach dem Essen – eine Sitte, die bis heute beibehalten wurde. Die Armen aßen große Mengen an Datteln, von denen es eine ansehnliche Auswahl gab, während die Reichen Äpfel, Orangen, Weintrauben, Bananen, Birnen, Granatäpfel und Melonen zu sich nahmen. Die meisten Obstarten kamen aus dem Irak oder aus Syrien, wobei Syrien vor allem für seine süßen Äpfel, Granatäpfel, Feigen, Aprikosen und Pflaumen berühmt war.

Weintrauben waren sehr beliebt; man importierte sie zu relativ niedrigen Preisen aus Isfahan.[7] Zitronen und Orangen wiederum waren sehr teuer, da sie im 9. Jahrhundert nur in Ägypten angepflanzt wurden und erst später große Verbreitung auf Plantagen fanden. Ursprünglich kamen sie aus Indien auf die arabische Halbinsel und von dort nach Basra und Syrien. Im 10. Jahrhundert war Basra für seine Zitrusfrüchte bekannt.[8] Auch die fruchtigsten Birnen wuchsen in Basra. Doch vor allem war Basra für seine Datteln berühmt, von denen es über 300 Sorten gab. Datteln aus Basra wurden bis nach Indien und China exportiert. In Notzeiten ernährten die Datteln die ärmere Bevölkerung. Als Lieblingsfrucht galt in Bagdad unumstritten die Melone. Sie wurde entweder in Scheiben geschnitten und getrocknet oder in großen, mit Eis gefüllten Bleikisten transportiert.

## Öle

Im frühen arabischen Mittelalter nahm man meist Sesamöl zum Kochen, aber auch Butter und – vor allem von der ärmeren Bevölkerung – Tierfett wurden verwendet. Neben dem Sesamöl stand auch Olivenöl in Gebrauch. Es kam meist aus Syrien und war viel billiger. Auch Walnußöl stand hoch im Kurs. Mandelöl und Pistazienöl gebrauchte man vornehmlich für Süßspeisen.

## Getreide und anderes

Getreide und andere Agrar- und Gartenbauprodukte wurden je nach Kostbarkeit und Preis in vier Kategorien unterteilt. Diese Einteilung gibt uns eine Idee über den damaligen Konsum:

Die erste Kategorie nannte man die „Sesamklasse". Sie inkludierte Sesam, Koriander, Kumin, Senfkörner und Kümmel.

Die zweite Klasse, genannt die „Weizenkategorie", umfaßte Weizen, Kichererbsen, Kresse, Rosinen, Sumach, Gartenkresse, ungeschälte Mandeln und Haselnüsse, Hanfsamen, weiße Bohnen, Linsen und Leinsamen.

In die dritte Kategorie namens „Gerste" fielen Gerste, Reis, Mais, manche Dattelarten, Hirse und Hafer.

Die letzte Kategorie beinhaltete nur die sogenannte *jahjandum*-Mischung, die zu einer Hälfte aus Gerste und zur anderen aus Weizen bestand.[9]

## Gewürze

Die Verwendung von Gewürzen zum Verfeinern des Essens war stark verbreitet. Zumeist kamen dabei Koriander, Kumin, Zimt, Pfeffer, Kümmel, Nelken, Ingwer, Thymian[10], Safran und Salz zum Einsatz. Alle Gewürze wurden fein säuberlich gereinigt und entweder in einer Handmühle gemahlen oder mit dem Mörser zerkleinert.[11]

## Aufbewahren und Konservieren von Lebensmitteln

Zur Aufbewahrung von Obst und Gemüse verwendete man in der arabischen Küche vor allem Eis, das man entweder aus den umliegenden Bergen oder aus Syrien holte. Schnee wurde gesammelt, zusammengepreßt, in Kisten verpackt und ganz mit Sägespänen bedeckt.[12] So konnte das Eis über lange Strecken transportiert werden. In Bagdad selbst gab es Eisverkäufer, die das Eis blockweise anboten. Eis wurde nicht nur zur Aufbewahrung von Nahrung, sondern auch zur Kühlung von Getränken gebraucht.

Eine andere Art, Nahrung länger haltbar zu machen, bestand im Trocknen. Feigen, Aprikosen, Pflaumen, Tomaten, Weintrauben, Pistazien und andere Nüsse wurden in der Sonne getrocknet. Früchte, die man nicht trocknen konnte, wurden in luftdichten Behältern aufbewahrt und oft zusätzlich in der Erde vergraben.[13] Auch Ton- bzw. Steingutgeschirr stand zur Aufbewahrung und Konservierung von Gemüse in Verwendung. Gekochtes Gemüse wurde in Zitrussäure bzw. Essig konserviert.[14] Verkäufer hielten ihre Ware frisch, indem sie das Grünzeug mit einer Mischung aus Wasser, einer Prise Salz und wildem Thymian, *za'tar*, besprenkelten.[15] Getreide wurde in Silos, *matmura*, aufbewahrt. Um von der Milch länger profitieren zu können, verarbeitete man sie zu Käse.[16]

## Mahlzeiten

Man aß zweimal täglich: zu Mittag, *ghada'*, und zu Abend, *'asha'*, wobei das Abendessen die Hauptmahlzeit darstellte. Das Frühstück war kein ausgeprägtes eigenständiges Mahl, sondern wurde bloß aus gesundheitlichen Gründen eingenommen, oft vom Arzt empfohlen. Zwischen 11 und 12 Uhr mittags fand man sich dann zu Tisch ein, während das Abendessen nach dem Sonnenuntergangsgebet, *maghrib*, verzehrt wurde.

Vom Kalifen Ma'mun, dem Sohn Harun al-Rashids, wird erzählt, daß er immer nur drei Mahlzeiten in zwei Tagen zu sich nahm: die erste zu Mittag, die zweite am nächsten Morgen und die dritte am Abend desselben Tages.[17]

## Appetithäppchen und Getränke

Appetitanregende Vorgerichte, *nuql* genannt, bildeten einen wichtigen Teil jedes Mahles. Die „hors d'œuvres" bestanden aus verschiedenen getrockneten Früchten und Nüssen und wurden gemeinsam mit Getränken genossen. Manchmal kamen auch gesalzene Bohnen, Kastanien, geröstete Sesamsamen und Datteln als Vorgericht dazu.

In Bagdad trank man am liebsten Wasser aus dem Tigris, vor und nach dem Essen. Sehr beliebt war das Getränk *fuqqa'*. Es galt als gesund und wurde aus Zucker, Honig oder Sirup, Rosenwasser und Moschus zusammengestellt und mit Eis gekühlt.

Fruchtsäfte wie Granatapfel-, Limonen-, Weintrauben- oder Grapefruitsaft standen ebenfalls hoch im Kurs. Man konnte die Säfte fertig zubereitet in versiegelten, mit dem Namen der Frucht und des Herstellers beschrifteten Flaschen auf dem Markt kaufen.

Großer Beliebtheit erfreuten sich mit Milch, Zucker und Honig, aber auch aus Gemüse wie Kürbis und Karotten hergestellte Säfte. Wein wurde indessen nie zu den Mahlzeiten gereicht. Religiöse Menschen tranken ihn ohnedies nie.

## Süßspeisen

Als absolutes Muß nach der Hauptmahlzeit galt die Einnahme von etwas Süßem. Auch ärmere Leute leisteten sich ein wenig Sirup oder Datteln.

Süßspeisen wurden entweder mit Zucker, Sirup oder Honig hergestellt; der beste Honig kam aus Armenien. Sirup entstand aus Weintrauben, Johannisbrot oder Datteln. Sirup und der vergleichsweise billige Honig wurden vor allem in den ärmeren Häusern verwendet.[18] Die Reichen bevorzugten Kandiszucker.

Ein Mandel-Konfekt mit dem Namen *lawzinaj* war besonders beliebt. Es bestand aus zerriebenen Mandeln, Brotbröseln, Rosenwassersirup, Zucker und Sesamöl. Beschrieben wird es folgendermaßen: „Es ist ganz einfach zu schlucken und fließt am schnellsten in die Venen. Wenn man es eine Nacht ruhen läßt, steigert dies angeblich seine Intensität und damit seine Köstlichkeit."[19]

## Tischmanieren

Zwei Arten von Eßplätzen, beide bis heute erhalten, waren schon vor tausend Jahren üblich: die *sufra* und der *chiwan*. Die *sufra* war ursprünglich eine aus Stoff, Kupfer oder Palmenblättern bestehende runde Platte, die auf den Boden gelegt wurde; man setzte sich um sie herum. Später wurde die *sufra* auch aus Leder gemacht, da dies leichter zu reinigen war.

Mit *chiwan* bezeichnete man einen erhobenen, tischartigen Eßplatz. Er war entweder aus Holz oder aus Stein[20] gefertigt; die Reicheren ließen eine Messingplatte auf Holzbeine setzen.

Vor dem Essen wusch man sich gemeinsam bei Tisch die Hände. Die Waschschale wurde von rechts von einem zum anderen gereicht. Man ließ das Wasser über die Hände oder auch nur über die rechte Hand fließen, da nur mit dieser gegessen wurde.

Die traditionelle Servierweise bestand darin, alle Speisen aufzulegen, sodaß man alles vor sich sehen und nehmen konnte, wonach einem gelüstete. Bei Einladungen begann entweder der Ehrengast oder die älteste Person der Runde mit dem Essen. Es galt als Zeichen von Kultiviertheit und guten Manieren, während des Essens Konversation zu führen, kleine Geschichten und Anekdoten zu erzählen, die speziell mit dem Essen und den Tischmanieren in Verbindung standen.[21] Die Gastgeber hatten zudem die Aufgabe, die Gäste in eine Konversation zu integrieren, um die Atmosphäre zu lockern und eine gewisse Ungezwungenheit zu ermöglichen. Mahlzeiten konnten sich über Stunden hinziehen. Es galt bei einer Einladung vor allem, dem Gast Freude, Entspannung und natürlich Gaumenfreude zu bereiten. Diese Prinzipien gelten bis heute, und man ist bemüht, sie einzuhalten, so gut man kann.

Sich gegenseitig beim Essen zuzusehen, galt als unhöflich; man blickte auf seinen Teller und störte die anderen nicht. Aßen alle von der selben Platte, so achtete man darauf, nur die Speisen vor sich zu nehmen und nicht durch Drängen oder Schubsen den anderen zu stören. Gemeinsam zu essen bedeutete auch, den anderen immer wieder zum Zugreifen aufzufordern und somit der eigenen Beherrschtheit und Selbstlosigkeit Ausdruck zu verleihen.

Gegessen wurde entweder mit den Händen oder mit aus Glas, Kupfer, Silber oder Gold gefertigten Löffeln. Um sauber zu bleiben, legte man sich Taschentücher auf die Brust[22], so wie heutzutage Servietten verwendet werden. Fleisch wurde mit den Händen oder mit den Zähnen zerteilt; Vornehme schnitten das Fleisch mit dem Messer in kleine Stücke.

Nach dem Essen wurden Zahnstocher verteilt, und anschließend stand man auf, um sich in einem anderen Raum den Mund und die Hände zu waschen. Um das Fett und den Geruch zu entfernen, verwendete man eine Art basisches Waschpuder. Die Gutsituierten fügten diesem verschiedene Zutaten wie Sandelholz, Kampfer, Moschus oder Rosenwasser[23] hinzu, um den Duftsinn anzuregen und sich zu erfrischen. Dieses Waschpuder wurde neben das Waschbecken gestellt; jeder, der sich die Hände waschen wollte, nahm sich einen Löffel voll heraus. Zuletzt wusch sich immer die Gastgeberin bzw. der Gastgeber.

Jedes Essen begann mit dem Gebet der *basmallah* – „Im Namen Allahs, des Allbarmherzigen, des Allgnädigen" – und endete mit der *hamdala*: „Gepriesen sei Allah."

Nachdem man sich gewaschen hatte, setzte man sich wieder zusammen, und kleine, zierliche, mit Rosenwasser oder anderen Düften gefüllte Wasserkannen wurden herumgereicht. Damit besprühte man sich das Gesicht oder die Kleider. Anschließend wurde Weihrauch oder Sandelholz in einem Räuchergefäß angezündet und das Mahl bzw. die Einladung damit abgerundet.

## Salz und Pfeffer

Salz spielte schon immer eine bedeutende Rolle in der menschlichen Geschichte und wurde seit jeher als sakrale Materie angesehen. Die Römer offerierten es ihren Göttern; im antiken Griechenland überreichte man den Gästen Salz und Brot als Symbol des Lebens und der Gastfreundschaft[24] – eine Sitte, die noch heute in vielen Ländern verbreitet ist.

Die Römer kannten auch schon den Pfeffer, aber erst im Mittelalter hielt er in Nord- und Westeuropa Einzug. Unter den Gewürzen stand der Pfeffer an erster Stelle und galt als Symbol für Luxus. Pfeffer wurde von Indien nach Syrien und Ägypten und von dort durch italienische Händler nach Venedig transportiert und in Europa verkauft.

Im Mittelalter war die herrschende Klasse ganz vernarrt in Gewürze. Je höher der Rang, desto mehr Gewürze mußten beim Kochen verwendet werden. Gewürze wurden wie Juwelen verschenkt und wie Kostbarkeiten gesammelt. Bei den europäischen Reichen wurden während oder nach dem Mahl Gewürze auf Gold- und Silbertabletts herumgereicht, und man schöpfte löffelweise davon auf das ohnehin schon gewürzte Essen.

Bis ins 11. Jahrhundert war die feudale Gesellschaft im Westen eine mehr oder weniger einfache Agrargesellschaft. Die Burgen waren nicht viel mehr als große, ummauerte Bauernhöfe. Herren und Diener trugen Kleidung, die sich nicht besonders voneinander unterschied, und aßen ungefähr dasselbe. Die soziale und kulturelle Differenzierung zwischen ihnen war minimal.[25] Erst mit der Zeit weiteten sich diese Unterschiede, und die Feudalherren begannen, sich von ihren Untertanen abzusondern. Nach außen hin fand diese Trennung durch differenzierte Benimmcodes und Etiketten sowie durch die Verwendung von besseren Alltagsgegenständen Ausdruck. Aber vor allem durch die Speisen wollte man Unterschiede aufzeigen.

Aus dem Orient importierte Gewürze gehörten zum Kostbarsten, das man sich im europäischen Mittelalter vorstellen konnte, und so wurde das Konsumieren und Servieren von Gewürzen als Symbol der Wende angesehen, als Zeichen der Veränderung. Wer sich Gewürze leisten konnte, gehörte zur Aristokratie. Die Gewürze wurden zu Boten aus dem Land der Fabeln, ja aus dem Paradies selbst, das man sich damals als in der östlichen Hemisphäre gelegen vorstellte. Das Aroma der Gewürze war der Atem des Paradieses, der sich über die Welt der Menschen ausbreitete.[26] Die immens hohen Preise der Gewürze, bedingt durch die lange und auch gefährliche Route, meist von Indien bis Europa, unterstützten diese Vorstellung noch. Und die Händler schützten ihr Monopol, indem sie andere durch ihre Abenteuergeschichten abschreckten, wie sie unterwegs von Riesenvögeln, Drachen oder anderen gefährlichen und dämonischen Wesen attackiert wurden.

Gewürze – vor allem Pfeffer, Zimt und Muskat – stiegen zu Statussymbolen der herrschenden Klasse auf, die vorgezeigt wurden, bevor man sie konsumierte.[27]

Durch die Gewürze veränderten sich die Eßgewohnheiten, und eine wahre Welle an kulinarischem Exotismus machte sich in Europa breit. In der damaligen europäischen Küche entstanden zahlreiche Brühen und Saucen nach orientalischer Art. Die orientalische Gewohnheit, nach den

Mahlzeiten Süßigkeiten zu sich zu nehmen, wurde eingeführt und hielt sich bis zum heutigen Tag.[28] Die Mächtigen und Reichen hielten sich arabische Küchenmeister, doch auch in den Klöstern verbreitete sich, zur Sorge mancher Asketen, der neue weltliche Genuß.

Gegen Ende des Mittelalters hatte sich der Gewürzkonsum auch auf die Neureichen ausgebreitet. Die Nachfrage nach Gewürzen und Luxusgütern stieg immens. Pfeffersaucen waren zu einem fixen Bestandteil der europäischen Küche geworden.[29]

Der Orient aber schaffte es nicht mehr, diese Nachfrage zu befriedigen. Die bisher üblichen Handelsrouten schienen plötzlich veraltet. Gewürze, die über den Indischen Ozean nach Ägypten und Syrien und von dort nach Venedig und über die Alpen zu den Märkten Zentral- und Nordeuropas gebracht wurden, konten – abgesehen von den enormen Preisen, die verlangt wurden – die immense Nachfrage nicht mehr sättigen. Auch die veränderte politische Situation – zwischenzeitlich waren die Türken an die Macht gekommen – trug zur Stagnation im Handel bei.

Dies führte im 15. Jahrhundert zu einer Suche nach Lösungen und Alternativen. Weniger kostspielige Handelsrouten nach Indien waren gefragt, um zu den ersehnten Gewürzen zu gelangen. Viele machten sich auf, getrieben durch die Möglichkeit, immensen Reichtum zu erlangen, wenn sie neue, kürzere Pfefferrouten entdecken konnten. Denn dann hätten sie die Preise diktieren können. Zu den bekanntesten dieser Suchenden gehörten Christoph Columbus und Vasco da Gama. Die Entdeckung der Neuen Welt war also ein Nebenprodukt der Suche nach dem Pfeffer – genauso, wie die Begehrlichkeit des europäischen Gaumens nach den Gewürzen zu einer Öffnung der Horizonte und somit zum Übergang vom Mittelalter in die Neuzeit führte.

Zwischen dem 11. und 17. Jahrhundert dominierten die Gewürze den Geschmack Europas, dann begann sich dieser einzupendeln, und es entwickelte sich die europäische Küche, wie sie heute bekannt ist.

Doch alsbald wurde der europäische Gaumen durch andere Luxusgüter angeregt, die im 17. Jahrhundert den Gewürzen den Rang streitig machten. Es handelte sich um die mittlerweile sehr bekannten Neulinge: Kaffee, Tee, Schokolade und Zucker.

## Kaffee und Tee

Der Kaffee stammt ursprünglich aus Äthiopien und Teilen Ostafrikas. Im 13. Jahrhundert gelangte er nach Südwestarabien, wo er intensiv angebaut wurde. Bald fand das Getränk aus gerösteten Bohnen große Verbreitung.[30]

Nach einer arabischen Erzählung wurde dieses Getränk von einem heiligen Mann im Jemen entdeckt, der es verwendete, um einerseits bei seinen Nachtmeditationen länger wach bleiben und andererseits sein spirituelles Wachstum beschleunigen zu können. Es gibt in der arabischen Literatur Hinweise darauf, daß die Araber Kaffee schon im 10. Jahrhundert für Heilzwecke einsetzten.

Der Kaffee erreichte von Südwestarabien aus Ägypten und verbreitete sich später über das ganze türkisch-osmanische Reich und weiter bis nach Indien. Ab der zweiten Hälfte des 17. Jahrhunderts wurde er, vor allem von venezianischen Kaufleuten, auch nach Europa exportiert. Trotz seiner Fremdartigkeit und der Skepsis gegenüber dem neuen Getränk hatte der Kaffee bald großen Erfolg. Man begann damit, ihn in den europäischen Kolonien anzubauen; zuerst die Holländer auf Java, dann die Franzosen auf den Antillen, gefolgt von den Spaniern und Portugiesen in Zentral- und Südamerika.[31]

Leonhart Rauwolf, ein Augsburger Arzt, der im 16. Jahrhundert durch den Nahen Osten reiste, bemerkte, daß die Araber und Türken ein heißes, dunkles Getränk zu sich nahmen, ähnlich wie die Europäer Wein oder Bier. In seinem Buch beschreibt er die Szene folgendermaßen: „Sie trinken es aus Ton- oder Porzellantassen früh am Morgen und auch öffentlich ohne Bedenken. Sie nehmen nur einen kleinen Schluck und reichen die Tasse dann weiter, denn beim Trinken sitzen sie gemeinsam im Kreis ... Dieses Getränk ist unter ihnen sehr verbreitet, so daß es an vielen Plätzen im Basar serviert wird und man die dunklen Bohnen in mehreren Geschäften kaufen kann.“[32]

Als nicht alkoholisches, jedoch anregendes und geistig stimulierendes Getränk schien Kaffee ideal für eine Kultur zu sein, die wie keine andere auf der Kunst der Abstraktion basiert. Kaffee gilt dementsprechend als der Wein des Islam.[33]

Im 17. Jahrhundert begann der Siegeszug der Ratio in Europa. Nun kam es auf einen klaren Kopf, auf Logik und Durchblick an, und dafür waren Getränke wie Kaffee oder Tee viel geeigneter als Bier oder Wein – Biersuppen und Wein am Morgen standen im europäischen Mittelalter noch auf der Tagesordnung. Mit Kaffee konnte man die Arbeitszeit verlängern und intensivieren. Und das war nun gefragt; Selbstdisziplin und Ordnung dominierten.

Die bürgerliche Gesellschaft trank Kaffee wegen des erwünschten anregenden und ernüchternden Effektes. Die Aristokraten genossen vor allem die Zeremonien und Etiketten, die das Servieren von Kaffee bot.

Über den gesundheitlichen Aspekt des Kaffees gingen die Meinungen sowohl im Orient als auch in Europa auseinander. Die griechisch-arabische Medizin betrachtete den menschlichen Körper und die gesamte materielle Welt als ein Ganzes und teilte sie in vier Körperflüssigkeiten bzw. Temperamente ein: Blut *(dam)*, schwarze Galle *(mirra sawda')*, gelbe Galle *(mirra safra')* und Schleim, „Phlegma" *(balgham)*. Diese vier Temperamente befinden sich nur in Ausnahmefällen in einem Gleichgewicht. Bei den meisten Menschen dominiert aber eines dieser Temperamente und definiert somit seine physische Natur. Man sprach von vier Typen: Sanguiniker *(damawi)*, Melancholiker *(sawdawi)*, Choleriker *(safrawi)* und Phlegmatiker *(balghami)*. Jedes dieser vier Temperamente ist mit zwei der folgenden vier Prinzipien verbunden: warm, kalt, feucht und trocken. Wenn wir Körperflüssigkeiten, Typen und Prinzipien kombinieren, erhalten wir:

Blut *(dam)* ist warm und feucht und erzeugt den Sanguiniker (lebhafter, temperamentvoller, meist heiterer, lebensbejahender Mensch);

schwarze Galle *(mirra sawda')* ist kalt und trocken und erzeugt den Melancholiker (jemanden, der zu Depressivität und Schwermütigkeit neigt);

gelbe Galle *(mirra safra')* ist warm und trocken und erzeugt den Choleriker (leidenschaftlicher, reizbarer, jähzorniger Mensch);

Schleim *(balgham)* ist kalt und feucht und erzeugt den Phlegmatiker (jemanden, der nur schwer zu erregen und zu irgendwelchen Aktivitäten zu bewegen ist).

Die Speisen, Getränke und Medikamente wurden auch in die folgenden Grade der Natureigenschaften aufgeteilt: erster Grad = Nahrung; zweiter Grad = Nahrung und Medizin; dritter Grad = Medizin, vierter Grad = Gift.[34]

Die Natur des Kaffees wurde als kalt und trocken angesehen; daher glaubte man etwa, daß er die Melancholie unterstütze und fördere. Manche islamischen Mediziner sahen in dieser kalten Eigenschaft den Grund dafür, daß Kaffee so gut den Durst zu löschen vermag.

Da'ud al-Antaki, ein berühmter Mediziner des 16. Jahrhunderts, behauptete wiederum, Kaffee sei warm und trocken, weil alles Bittere warm sei.

Kaffee wurde allgemein als brauchbar für den Sanguiniker-Typ (warm-feucht) und für Frauen angesehen. Er galt zudem als Schlankmacher, da er den Appetit drosselt, wobei al-Antaki überdies der Meinung war, Kaffee zügle auch die sexuelle Lust – eine Behauptung, die in viele europäische Medizinbücher jener Tage aufgenommen wurde. Ein französischer Schriftsteller des 17. Jahrhunderts erwähnte, daß die Türken es als ungesund ansahen, Kaffee auf nüchternen Magen zu trinken. Diese Überzeugung führte dazu, daß man vor jedem Kaffeehaus Ständchen mit Süßwaren errichtete.

England ist in Europa als die Teetrinkernation schlechthin bekannt. Doch es war in London, wo gegen Ende des 17. Jahrhunderts das erste Kaffeehaus eröffnet wurde, und bis ins 18. Jahrhundert hinein blieben die Engländer die Hauptkonsumenten von Kaffee.

Schon 50 Jahre später, also ab 1750, spielte Kaffee nur mehr eine marginale Rolle in der englischen Gesellschaft. Der Tee hatte England vollkommen erobert. Wie alle anderen europäischen Länder importierte England seinen Kaffee aus Arabien. Damit nicht weiterhin Geld nach Arabien floß, begannen Frankreich und Holland, Kaffee in ihren Kolonialländern anzubauen. England aber wechselte nur seinen Konsum von Kaffee auf Tee, der aus – dem damals noch nicht okkupierten – China importiert wurde. Die äußere Abhängigkeit blieb also bestehen.

Eine mögliche Erklärung für den Umschwung von Kaffee auf Tee in England ist wirtschaftlich zu sehen: Kaffee wurde von privaten Kaufleuten importiert, während Tee das Monopol der East India Company war, die mit Recht als Staat im Staate bezeichnet wurde.[35] Die kleinen bzw. privaten Kaufleute hatten keine Chance, mit ihr zu konkurrieren, und somit konnte der englische Markt bzw. der Geschmack der englischen Gesellschaft innerhalb kürzester Zeit auf den Tee umgestellt werden.

Da sowohl Kaffee als auch Tee den selben stimulierenden Effekt besitzen und beide sich für gesellschaftliche Zusammenkünfte und Zeremonien eignen, war der Übergang nicht gravierend und für die Engländer akzeptabel. Tee verbreitete sich in der gesamten englischen Gesellschaft, und zu Beginn des 19. Jahrhunderts ernährten sich die Industriearbeiter vor allem von Tee und Brot. Tee und Kaffee hatten den Wein und das Bier stark verdrängt und dienten jetzt selbst als Nahrung und Droge im europäischen Konsumsystem.

## Arabische Namen für arabische Gaben

Die islamische Welt hatte sich ab dem 8. Jahrhundert vom Atlantik bis zum Indischen Ozean ausgedehnt. Innerhalb dieser Grenzen gab es einen regen Kulturaustausch, von dem auch Europa profitierte. Viele Pflanzen, neue Anbautechniken und Bewässerungssysteme wurden eingeführt und veränderten die Landwirtschaft wie auch das Landschaftsbild des Mittelmeerraumes.

Ab dem 8. Jahrhundert führten die Araber viele neue Kulturpflanzen in Europa ein. Manche dieser Pflanzen wurden zum zweiten Mal eingeführt, da man sie bereits in der Antike gekannt hatte, aber mit dem Ende des Römischen Reiches war ihr Anbau allmählich zurückgegangen, oder sie waren gänzlich verschwunden.

Folgende Pflanzen brachten die Araber in die Mittelmeerregion: den Spinat, arabisch *ispanigh*, die Aprikose, arabisch *al-barquq*, die Pistazien, die Banane, die Zitrone, die Orange, den Kürbis, die Pomeranze, den Pfirsich, die Kapern, die Roßkastanie und weitere Nutzpflanzen wie die Papyrusstaude, die Baumwollpflanze, arabisch *qutun*, die im 9. Jahrhundert durch die Araber nach Sizilien kam, oder den Gerbersumach, arabisch *summaq*, der zum Gerben von Fellen und beim Färben Verwendung fand.

Zierpflanzen wie der Flieder, der Jasmin, die Rose, die Tulpe, die Forsythie, die Hyazinthe, die Kamelie und die Reseda wurden nach der Eroberung Siziliens im 9. Jahrhundert von den Arabern angepflanzt und bereicherten das damals karge Land.[36]

Die Banane gelangte mit den Arabern nach Spanien. Ihr botanischer Name *musa* stammt aus dem Arabischen. Die Zitrone wurde von den Arabern in Sizilien eingeführt. Ihr in vielen europäischen Sprachen geläufiger Name kommt vom arabischen *laymun*. Die Orange – persisch-arabisch: *narandsch* – war wahrscheinlich schon den Römern bekannt, verschwand dann aber und erschien erst durch arabische Vermittlung auf der iberischen Halbinsel wieder. Auch der Johannisbrotbaum wurde von den Arabern in Spanien verbreitet. Die Artischocke, arabisch *al-charschuf*, wurde in Spanien angebaut und verbreitete sich von dort aus in ganz Europa.

Den Safran kannten schon die Römer. Er wurde von den Arabern nach Spanien gebracht; sein Name geht auf das arabische *za'faran* zurück.

Das Zuckerrohr sowie der Maulbeerbaum, dessen Anbau mit der Seidenindustrie verbunden war, wurden im 10. Jahrhundert von den Arabern in Sizilien und Spanien eingeführt, ebenso die Dattelpalme.

Der Olivenanbau, der in Spanien bereits vor der islamischen Eroberung betrieben worden war, wurde von den Arabern verfeinert und ausgedehnt: Das Öl aus dem andalusischen Aljarafe – aus dem arabischen *asch-Scharaf* – wurde zu Recht wegen seiner Qualität geschätzt.

Die wohl wichtigste Pflanze, die durch die Vermittlung der Araber nach Europa gelangte, ist der Reis. Die Antike kannte den Reis durch ihre Beziehung zum Orient; er wurde zwar importiert, aber nicht angebaut. Die Araber brachten ihn später nach Spanien, wie sein spanischer Name arroz, arabisch *ar-ruz*, zeigt. Von Spanien breitete der Reis sich nach Italien aus, wo er im 15. Jahrhundert bei Pisa kultiviert wurde. Die Osmanen brachten ihn schließlich auf den Balkan.

Der Name der Zwetschke geht auf das arabische Wort *dimischq* zurück; allerdings wurde diese Frucht durch Kreuzfahrer von Damaskus nach Sizilien eingeführt.

## Was sind Gewürze?

Gewürze sind die getrockneten Teile von aromatischen und pikanten Pflanzen, die entweder in heißem und trockenem Klima (östliches Mittelmeer) oder in heißem und feuchtem Klima (Südasien, Zentralamerika) wachsen.[37] Jeder Teil einer Pflanze kann als Gewürz dienen. Da Gewürze üblicherweise wenig Feuchtigkeit beinhalten, verbleiben ihr Aroma und ursprüngliches Volumen auch nach dem Trocknen.

Obwohl manche Gewürze wie Zimt, Gewürznelken oder schwarzer Pfeffer auch ganz verwendet werden können, muß man doch die meisten Gewürze entweder reiben, mahlen, schneiden oder kochen, damit sie ihr Aroma preisgeben, da ihre ätherischen Öle nur durch das Brechen der Zellen Wirkung entfalten.[38]

## Gewürze, Kräuter und andere Einflüsse

Archäologen gehen davon aus, daß das Wissen um das Würzen der Nahrung schon 50.000 Jahre alt ist und höchstwahrscheinlich damit seinen Anfang nahm, daß die Menschen Fleisch in Blätter einrollten, bevor sie es im Feuer grillten.[39] Der erste Hinweis auf Gewürze findet sich in den Schriften der Assyrer (Mesopotamien), vor 5.000 Jahren in Steintafeln gemeißelt.[40]

Gewürze wurden vor allem im alten China, in Mesopotamien und in Indien verwendet. Mit der Eroberung des persischen Reiches durch Alexander den Großen kamen viele exotische Waren nach Griechenland, darunter auch Gewürze, Kräuter und Nutzpflanzen. Von den Griechen wanderten diese Kenntnisse zu den Römern. Mit dem Ende des Römischen Reiches ging das Wissen um die Gewürze vielfach wieder verloren. Im Mittelalter brachten die Araber viele Nutzpflanzen und Gewürze mit sich und bereicherten damit Europa und seine Küche.

Bis heute hat jede große arabische Stadt wenn nicht ein Gewürzviertel, so zumindest eine Gewürzstraße, die mit kleinen Geschäften überfüllt ist; manche davon sind nicht größer als ein Schrank. Die Gewürze werden entweder in Körben oder in Säcken pyramidenartig aufgebaut und farblich aufeinander abgestimmt, sodaß nicht nur die Nase, sondern auch das Auge verführt wird. Mystisch verlockend, fast unheimlich in ihrer Pracht und ihrem Variationsreichtum, so liegen die Gewürze vor einem, und man kann gut verstehen, daß sie nicht nur zum Würzen der Speisen, sondern auch als Arznei und Heilmittel dienen.

Männer und Frauen schlendern langsam die Gewürzstände entlang, lassen sich von den Verkäufern anlocken oder kaufen bei „ihrem“ altbewährten Händler ein. Die Verkäufer geben die gewünschten Gewürze in kleine, meist selbstgerollte Tüten, die dem Gewürz eine weitere geheimnisvolle Note verleihen. Verschiedene arabische Länder haben Vorlieben für verschiedene Gewürzmischungen. Eine einfache und beliebte Mischung ist die libanesische, die aus einem Teil Cayennepfeffer, zwei Teilen gemahlenem süßen Paprika und zwei Teilen Zimt besteht.[41] Koriander mit Kumin gemischt erfreut sich ebenfalls großer Beliebtheit. Eine weitere gängige Mischung besteht aus Zimt, Muskat, Nelken und Ingwer – die sogenannte „Vier-Gewürze-Mischung“.

Safran ist ein vor allem in Marokko und im Jemen beliebtes, sehr teures Gewürz, das mancherorts durch andere färbende Gewürze ersetzt wird. So gibt man in Palästina dem Reis, aber auch Kartoffelgerichten gemahlene Gelbwurz bei, um eine zusätzliche appetitliche Note zu erreichen.

Frischer Koriander wird gerne mit Salaten verwendet, während Dill nur in manchen arabischen Küchen – vor allem im Libanon und im Irak – Verwendung findet. Minze und Petersilie fehlen fast nirgends.

In den arabischen Ländern röstet, zerreibt oder mahlt man die Gewürze meist selbst, da man so sicher sein kann, das beste Aroma zu erzielen. Denn es gilt immer: „Je frischer, desto besser!"

## Der Körper sagt die Wahrheit, der Geist stellt bloss Fragen

Die Araber waren seit jeher vom Einfluß der universellen Energien auf die Gesundheit und das Leben des Menschen überzeugt. Im Orient war es früher üblich, daß Ärzte ihre Patienten im Hinblick auf den Stand der Gestirne diagnostizierten und behandelten. Im 12. Jahrhundert begann man, die richtige Zeit für einen Aderlaß oder für diverse Operationen auf die Sterne abzustimmen.[42]

Man legte botanische Gärten an und zog dort seltene Pflanzen, die man für Heilungszwecke einsetzte. Ab dem 11. Jahrhundert hatte jede Apotheke – die ersten wurden zu Beginn des 9. Jahrhunderts in Bagdad eröffnet – einen eigenen botanischen Garten, in dem Heilpflanzen gezüchtet wurden. Die Apotheker verarbeiteten die frischen, natürlich gewachsenen Produkte zu Salben, Tinkturen und Medikamenten. „Jede Krankheit hat ein Heilmittel in der Natur" – diese Aussage des Propheten Muhammad und das Wissen um Gottes großzügiges Umsorgen seiner Geschöpfe spornte Kräutersammler, Ernährungs- und Gesundheitsberater sowie Ärzte dazu an, Heilmittel in der Natur zu suchen.

Heiler experimentierten mit Drogen, Arzneimitteln und verschiedenen Diätformen, um deren Effekt auf den Menschen zu erproben. Die Erfahrungen wurden in sogenannten *mujarrabat* – wörtlich: „die Erprobten" – niedergeschrieben und in den Medizinschulen gelehrt. Diese Praxis brachten die Araber auch nach Europa. So besaßen Granada und Cordoba im 10. Jahrhundert botanische Gärten, die als die großartigsten in Europa galten.

Die Ärzte des Orients waren zugleich auch Philosophen und Denker. So meinte der berühmte Arzt Abu Bakr ar-Razi (865-925) – im Westen unter dem Namen Rhazes bekannt –, man solle sich einen Familiendoktor zulegen, weil das Wechseln von einem Arzt zum anderen nur zeit-, geld- und gesundheitsaufwendig sei. Ar-Razi war ein großer Fürsprecher der Physiotherapie und unterwies die Ärzte, ihre Patienten mit hoffnungsvollen Worten zu ermutigen, da das daraus resultierende Wohlbefinden die Genesung fördere. Hinsichtlich der Ernährung meinte er, man müsse den Patienten alles das essen lassen, was er gerne möge, freilich auf der Grundlage einer ausgeglichenen Ernährung.[43]

Abu Ali ibn Sina (980-1037) – im Westen als Avicenna bekannt – wies auf die Wichtigkeit richtiger Ernährung hin. Krankheiten bzw. körperliche und geistige Schwächen durch richtige Ernährung zu behandeln, wurde als essentiell angesehen. Ibn Sina zeigte auch die starke Verbindung zwischen physischen und psychischen Unausgeglichenheiten auf und beschrieb die Musiktherapie als eine effektvolle Form der Behandlung für Körper und Seele.

Der irakische Arzt und Philosoph Ibn Butlan (gestorben 1068) wiederum meinte in seinem Buch *taqwim as-sihhah* („Die Erhaltung und Wiederherstellung der Gesundheit"), daß die Gesundheit auf sechs Prinzipien basiere: auf frischer Luft, Bescheidenheit in Speise und Trank, Abwechslung zwischen Ruhe und Arbeit, Ausgleich zwischen Wachsein und Dahindösen, auf dem Vermeiden von Überflüssigkeiten in den Emotionen sowie von Verwickeln in Schwierigkeiten. Stünden diese Prinzipien im Einklang und im Gleichgewicht, so sei das Resultat eine gute Gesundheit. Ibn Butlan empfahl auch das Hören von sanfter und angenehmer Musik, da nichts die Stimmung so heben und beeinflussen könne wie diese. Und immer wieder wurde die Pflanzenkost vor der Fleischkost empfohlen.

Der Gedanke, daß die Gestirne die Gesundheit und das Wohlbefinden des Menschen beeinflussen können, stellte eine starke Verbindung zwischen Astrologie und Medizin dar. Man war der Meinung, daß die sieben Planeten im Tierkreis einen ständigen Einfluß auf das Erdenleben ausübten. Die zwölf Tierkreiszeichen wurden in drei Gruppen aufgeteilt: die vier Elemente (Feuer, Wasser, Luft und Erde), die vier Temperamente (Blut, schwarze Galle, gelbe Galle und Schleim, „Phlegma") sowie die vier Qualitäten oder Naturen (kalt, warm, trocken und feucht). Diese Einteilung bildete die Basis der griechisch-arabischen Medizin. Bis ins 11. Jahrhundert wurden Kranke gemäß ihrem Sternzeichen behandelt.

Experimentieren und Beobachten, das war die Methode der Araber. Der Himmel mit seinen Sternen und Planeten, so war man überzeugt, übe großen Einfluß auf die Menschen und alle Geschöpfe auf Erden aus. Die Kunst oder die Wissenschaft, diese Kräfte zu verstehen und zu kontrollieren, nannte man *ahkam al-nujum*, „die Bestimmungen der Sterne". Das Beobachten der Sterne und Planeten, das Studium ihrer Konstellationen und ihrer Bewegungen erkläre uns, was in der künftigen und in der vergänglichen Welt geschehen wird und geschah. Es ermögliche uns unter Umständen sogar, diese Geschehen durch das Schreiben von Zahlen und Buchstaben in bestimmten Anordnungen zu beeinflussen. Denn die Sterne, so meinte man, hätten Einfluß auf die körperliche und seelische Gesundheit.

Im Weltbild der Araber sah man den Menschen als das vollkommenste Geschöpf auf Gottes Erden an, und allein im menschlichen Körper fanden die weisen Gelehrten alle Formen wieder, die im Universum vorhanden sind. Unter dem Licht des Mondes existieren vier Säulen, *arkan*. Es sind die vier Mütter, *ummahat*, oder die vier Elemente, und wenn sie sich zusammentun, entstehen die Kinder, *mawalid*, oder die drei Königreiche: das Reich der Mineralien, das Reich der Pflanzen und das Tierreich. Auch im Körper des Menschen finden sich diese vier Elemente wieder: der Kopf, die Brust, der Bauch und der Unterleib bis zu den Füßen.

Der Kopf korrespondiert mit dem Element Feuer, in ihm ruhen die Sehstrahlen und die Kontrolle der Sinne. Die Brust ist im Einklang mit dem Element Luft, weil hier der Atem entsteht. Der Bauch stimmt überein mit dem Wasserelement, weil in ihm die Feuchtigkeit ruht. Und der Bereich vom Unterleib bis zu den Füßen korrespondiert mit dem Element Erde, weil er auf der Erde ruht. Durch diese vier Elemente entstehen in der Welt Dämpfe, aus denen die Winde, die Wolken, der Regen, die Pflanzen und die Mineralien hervorkommen. Auf dieselbe Art und Weise entstehen durch die vier Elemente Dämpfe im menschlichen Körper, Schleim in den Nasenlöchern, Tränen in den Augen, Speichel im Mund, Winde im Bauch und Flüssigkeiten, die ausgeschieden werden.

Die Struktur des menschlichen Körpers ist wie die der Erde: Die Knochen sind wie die Berge, das Knochenmark ist wie die Mineralien, der

Bauch wie der Ozean, die Gedärme sind wie Flüsse, die Venen wie Bäche, das Fleisch ist wie Land, die Haare sind wie Pflanzen. Die Vorderseite korrespondiert mit dem Osten, die hintere Seite mit dem Westen, die rechte Hand mit dem Süden, die linke mit dem Norden. Der Atem ist der Wind, die Sprache des Menschen wie Donner, sein Schrei wie Blitze, sein Lachen wie Tageslicht, sein Weinen wie Regen, seine Verzweiflung und sein Kummer sind wie die dunkelste Nacht. Sein Schlaf ist wie der Tod, sein Wachsein wie Leben, die Tage seiner Kindheit sind wie der Frühling, die Jugend ist wie die Sommertage, die Tage seiner Reife sind wie der Herbst und die Tage des hohen Alters wie der Winter. Die Bewegungen und Taten des Menschen sind wie die Bewegungen der Planeten, seine Geburt und sein Dasein hier auf Erden sind wie das Aufsteigen der Gestirne, und sein Tod ist wie ihr Verglühen.

So betrachteten die Weisen des Orients das Leben auf der Erde. Unterschiedliche Dinge auf verschiedenen Ebenen der Realität und zu verschiedenen Zeiten und Räumen manifestierten dieselben Qualitäten der Realität bzw. Einheit, denn alles war miteinander verbunden. Und daher schrieb man den Sternen Einfluß auf die körperliche und seelische Gesundheit zu.

So war es nur logisch, daß bei den alten Arabern der Mensch und der menschliche Körper als das größte Wunder angesehen wurden, neben dem auch das Universum klein erschien.

## Anmerkungen

1 Vgl. Claudia Roden: A Book of Middle Eastern Food. New York 1974, S. 7.
2 Vgl. Peter Feldbauer: Die islamische Welt 600-1250. Ein Frühfall von Unterentwicklung? Wien 1995, S. 269 ff.
3 Vgl. Muhammad M. Ahsan: Social Life Under the Abbasids. London 1979, S. 88.
4 Ebd., S. 92 f.
5 Qadi Jurjani, Ahmad B. Muhammad: Al-muntakhab min kinayat al-udaba' wa-l-isharat al bulagha. o.O. 1908, S. 135.
6 Ebd., S. 95.
7 Ibn Hawqal, Abu al-Qasim: Surat al-Ard. Bd. 1.2. Hrsg.: I. H. Kramers. Leiden 1938, 1939, S. 261.
8 Muhammad M. Ahsan: Social Life Under the Abbasids, S. 109.
9 Vgl. ebd., S. 141.
10 Ebd., S. 103.
11 Ebd., S. 104
12 Vgl. ebd., S. 115.
13 Encyclopedia Islamica. Vol. I-IX. Leiden 1960-1997, S. 662-665.
14 Encyclopedia Islamica: ghidha' (M. Rodinson).
15 Al-Shayzari Abd Al-Rahman b. Nasr: Nihayat al-rutba fi talab al hisba. Kairo 1946, S. 116.
16 Muhammad M. Ahsan: Social Life Under the Abbasids, S. 157.
17 Ebd.
18 Encyclopedia Islamica: ghidha' (M. Rodinson).
19 Vgl. Muhammad M. Ahsan: Social Life Under the Abbasids, S. 99 f.
20 Ibn Zubayr, Al-Qadi Al-Rashid: Al-Dhacha'ir wa-l-tuhaf. Hrsg.: M. Hamidulla. Kuwait 1959, S. 256.
21 Vgl. Muhammad M. Ahsan: Social Life Under the Abbasids, S. 159.
22 Vgl. ebd., S. 163.
23 Ebd., S. 161.
24 Vgl. Wolfgang Schivelbusch: Tastes of Paradise. New York 1992, S. 45 f.
25 Ebd., S. 49.
26 Ebd., S. 50.
27 Ebd., S. 4.
28 Vgl. Francesco Gabrieli: Muhammad in Europa. München 1983, S. 154.
29 Vgl. Wolfgang Schivelbusch: Tastes of Paradise, S. 52.
30 Vgl. Massimo Montanari: The Culture of Food. Oxford 1994, S. 124.
31 Ebd., S. 125.
32 Vgl. Wolfgang Schivelbusch: Tastes of Paradise, S. 57 ff.
33 Ebd., S. 59.
34 Ralph S. Hattox: Coffee and Coffeehouses. Seattle 1988, S. 64 f.

35 Wolfgang Schivelbusch: Tastes of Paradise, S. 66.

36 Vgl. Erdmute Heller: Arabesken und Talismane. München 1993, S. 107.

37 Ebd., S. 2.

38 Vgl. Tarla Fallgatter: Sugar and Spice and Everything Nice. In: wwwiz, Issue 23, September 1998, S. 2.

39 Ebd., S. 1.

40 Ebd., S. 1.

41 S.a. Claudia Roden: A Book of Middle Eastern Food, S. 26.

42 Vgl. The Genius of Arabic Civilization. London 1983, S. 190.

43 Vgl. The Genius of Arabic Civilization: Sami K. Hamarneh: Abu Bakr Muhammad bin Zakariya ar-Razi, S. 194.

# Am Anfang

Ich liebe Spontaneität, Einfachheit und die orientalische Direktheit, die trotz aller höflichen Umschweifungen genau das Wesentliche trifft. Ich lasse gerne die Dinge auf mich zukommen und orientiere mich mehr an den natürlichen Jahreszeiten als an der vom Menschen gemachten Zeit. Ich bin gern ein Fisch im Meer, der das Wasser auf sich zukommen und abrinnen läßt.

Doch es gibt eine andere Ebene, auf der ich sehr wohl ein klares Bild und ein Ziel vor mir habe. Es sind die Grundprinzipien und Wege, die ich einhalten möchte. Sie ziehen sich wie ein unterirdischer Fluß durch mein Leben.

Es begann in Bagdad. Ich weiß den Tag noch ganz genau – es war der 31. Dezember 1989. Ich saß mit meiner Tante und meinem Vater bei einer Tasse Kaffee draußen im Garten unter einer Dattelpalme. Die Sonne schien, und eine sanfte, kühle Brise erinnerte daran, daß es Winter war. Ich genoß wie immer dieses nette, faule, in den Tag hineinblinzelnde Beisammensein. Die Muskeln und das Gemüt entspannt, klebte ich in meinem äußerst bequemen, tiefen, mit Stoff gepolsterten Stuhl. Unschuldig mit den Augen langsam über meine unmittelbare Umgebung streifend, auf der Suche nach gar nichts, überfiel es mich plötzlich.

Es war etwas, das aus dem Inneren kam, es drückte sich hoch aus den Tiefen meines Seins, wie eine Fontäne, die die Erdkruste durchbrechen will, um endlich strahlend das Sonnenlicht zu empfangen.

Ich setzte mich auf, unwillkürlich und ohne es recht zu wollen. Die Harmonie und Lieblichkeit, das Schöne, Sanfte des Augenblicks rüttelte mich plötzlich, und ich spürte, daß in diesem Moment der Zeitpunkt gekommen war zu erkennen, daß ich das Sanfte nur genießen kann, wenn ich auch das Harte annehmen kann, und daß das Leben eine Hochzeit zwischen beidem ist.

Es kommt im Leben eines jeden Menschen der Moment, in dem sie/er sich für das Gute oder für das Böse entscheiden muß. Wenn das Leben schwarzweiß wäre, wäre diese Entscheidung natürlich leicht, aber es sind die schleichenden Nuancen im täglichen Leben, die es erfordern, diese Entscheidung ganz klar auszusprechen und auch bereit zu sein, dafür zu wachsen. Treue, Rücksicht, Mut, Mildtätigkeit, Demut, Ehrlichkeit, Wahrhaftigkeit und das Vertrauen in sich selbst, weiter den Weg zu gehen, auch wenn man scheitert – all dies erfordert der Entschluß. Und die einzige Triebkraft dahinter kann nur die Liebe sein, die Liebe zu sich selbst und zu allen Geschöpfen.

Wer einmal aus ganzem Herzen geliebt hat, hat von der göttlichen Liebe gekostet.

Sich mit dem ganzen Menschen zu befassen, ist das Prinzip der Liebe, mit dem seelischen, geistigen, fleischlichen und mit dem Gesetz des Universums, in dem wir alle leben.

Auf der äußeren Ebene beschloß ich an diesem Tag, einen Fünfjahresplan zu formen, in dem ich meine Hauptziele für die nächste Zeit aussprechen wollte.

Was waren meine Wünsche? – Ich wollte gerne ein Kind, um das Leben zu bejahen, einen Lebenspartner, um mich im Spiegel des Lebens wiederzuerkennen und mich durch ihn weiter zu verstehen, sowie eine Arbeit, die Freude und Achtsamkeit in mir fördert, mit der ich zur Menschlichkeit beitragen und mit der ich finanziell unabhängig sein konnte. Im Inneren beschloß ich, den Weg des Mitgefühls zu entwickeln und zu lernen, Menschen, Tiere und Pflanzen zu schützen, für unser Wohlergehen zu arbeiten, Freigebigkeit zu üben sowie meine Verpflichtungen und die der anderen zu respektieren. Ich beschloß, achtsam mit Worten umzugehen und die Fähigkeit zu entwickeln, anderen wirklich zuzuhören, und nichts zu verbreiten, von dem ich nicht weiß, ob es richtig oder falsch ist.

Ich nahm mir vor, andere nur dann zu kritisieren, wenn es auf der tiefen, ehrlichen Absicht des Herzens beruht, und dabei Worte zu verwenden, die Selbstvertrauen und Hoffnung anregen. Ich beschloß, andere und mich davon abzuhalten, vom menschlichen Leid und dem Leid anderer Lebewesen auf Erden zu profitieren, und liebende Güte zu entwickeln. Ich beschloß, an mir zu arbeiten, Ärger, Furcht, Gewalt und Verwirrung in mir und in meiner Umgebung umzuwandeln sowie meinen Teil zum Verständnis, zum Frieden und zur körperlichen, geistigen und seelischen Gesundheit beizutragen. Vor allem aber beschloß ich zu lieben ... und aufzuwachen, bevor ich sterbe ...

### Nun, und was hat Kochen damit zu tun?

Es hat alles miteinander zu tun. Wenn ich mein inneres Selbst entwickeln möchte, gehört alles dazu. Denn jede Begegnung, jeder Blick, jedes Zu-mir-Nehmen, jedes Problem hilft mir dabei, dieses innere Selbst zu entwickeln.

Achtsamkeit beginnt bei einem selbst, bei der Selbstachtung und Selbstliebe. *Darauf achten,* was ich konsumiere, an Gedanken, an Fernsehprogrammen und Filmen, an Büchern und natürlich an Nahrung, was ich esse und trinke – denn Ernährung beschränkt sich nicht nur auf Nahrung, sondern ist alles, was man zu sich nimmt. *Darauf achten,* wie ich mit meiner Kostbarkeit und der Kostbarkeit der Wesen umgehe, die mich umgeben. Meinen Vorteil oder mein Glück nicht auf Kosten anderer aufzubauen, für andere dazusein und die Liebe zu haben, jedem das Gefühl des Gehalten-Werdens zu übermitteln.

Kochen ist ein Ausdruck des Er-haltens, des Gebens, der Fürsorge und damit der Liebe.

Und wer geben kann, ist reich. *Darauf achten* bedeutet, daß ich im ewigen Bewegungsfluß des Lebens erkenne, daß alles in diesem Universum von vorübergehender und vergänglicher Natur ist, im fortwährenden Wandel, daß ich mich der Liebe wie dem Haß, dem Guten wie dem Schwierigen öffnen kann, das mir von diesem Wandel entgegengebracht wird, und mich dabei immer der Ganzheit, der göttlichen Einheit oder der ewigen Ordnung des Universums, vertrauensvoll hingebe. Und gerade Hingabe erfordert Herzensstärke, Wachsamkeit und klares Handeln.

• • • •

### Eine kleine Geschichte ...

*Scharen von Gläubigen kamen, um die Worte des Propheten Muhammad zu hören. Ein Mann unter ihnen war besonders aufmerksam, sein Herz war stark berührt, und er betete mit großer Hingabe. Als es Abend wurde, verabschiedete er sich und ging hinaus. Doch kaum war er draußen, stürzte er wieder hinein und schrie mit sich überschlagender Stimme: „Heute morgen kam ich auf meinem Kamel zu dir, um dich, oh Prophet Gottes, zu hören. Jetzt ist das Kamel weg. Ich achtete auf jedes deiner Worte, war gehorsam und vertraute auf Gottes Allmacht. Und jetzt ist mein Kamel weg, verschwunden. Ist das die göttliche*

*Gerechtigkeit? Ist das die Belohnung für meinen Glauben und der Dank für meine tiefen Gebete?“*

*Der Prophet hörte sich seine verzweifelten Worte an und antwortete dann mit einem gütigen Lächeln: „Glaube und vertraue auf Gott und binde dein Kamel fest!“*

• • • •

Wenn ich ein ausgeglichenes Leben führen möchte – und unter „ausgeglichen“ verstehe ich das harmonische Zusammenspiel zwischen den spirituellen und materiellen Welten, zwischen dem Inneren und dem Äußeren –, dann ist Nahrung ein nicht zu unterschätzender Faktor.

Auch hier spiegelt sich die Ausgeglichenheit wider. Um diese Welten miteinander verbinden zu können, ist Einfachheit und Unkompliziertheit ein wesentliches Prinzip. Und so soll auch das Essen sein – ausgeglichen, einfach, appetitlich und nahrhaft.

## Zeit des Kochens und Meditierens

Zu Beginn vieler Rezepte stehen Sprüche, Anekdoten, Meditations- und Reinigungsübungen, Informationen über manche Bestandteile oder einfach niedergeschriebene Gedanken. Alle diese „Einführungen“ sollen als Inspiration, als Gedankenkitzel vor dem Gaumenkitzel, als Herzerwärmung vor der Magenerwärmung, als Begleitung beim Vorbereiten und Kochen dienen. Sie sind da, um dich einzustimmen auf den heutigen Kochablauf, auf das Gericht, das du dir ausgewählt hast. Möge das Kochen heute dir einen weiteren Einblick in die Mysterien und Wunder des Lebens eröffnen und dir das Leben, das Lebendige näherbringen.

Die angeführten Meditations- oder Reinigungsübungen können leicht während des Kochprozesses eingebaut werden, da sie keinen Aufwand und nur kurze Zeit in Anspruch nehmen. Die kleinen Perlen zu Beginn mancher Rezepte sollen als Inspiration während des Kochens dienen. Mögen sie dein Herz berühren und deinen Geist anregen.

Die hier angeführten Gerichte sollen inspirieren; ob du z.B. Vollwertreis, frisch gemahlenen Pfeffer oder biologisches Gemüse verwendest, bleibt dir überlassen. Wie weich oder kernig du Gemüse kochen möchtest, hängt von deinen Gewohnheiten und von deinem Geschmack ab. Doch ganz allgemein: Je besser die Qualität der verwendeten Elemente, desto gesünder und reicher an Nährwert sind sie.

Einige einfache Tips, die helfen, die eigene Küche in einen Ort der Heilung zu verwandeln, denn in der Küche wird den Nahrungsmitteln die Essenz entlockt und damit die Gesundheit gefördert bzw. geschwächt: Früchte und Gemüse zu Beginn ihrer Saison haben einen heilenden Effekt auf den Körper, während sie am Ende der Saison weniger gesund sind. Kaufe immer lokale Zwiebeln, Kartoffeln und Knoblauch, weil sie eine natürliche Heilkraft und eine Antidosis gegen Viren und Bakterien der Region beinhalten. Und: Gemüse und Salate immer *vor* dem Schneiden waschen – so bleiben die Vitamine besser erhalten. Beim Putzen nur das Nötigste entfernen.

Horche auf die Stimme deines Körpers. Je mehr du hineinhorchst, desto klarer wird sie, und du kannst beginnen, dich von ihr leiten zu lassen.

## Wie man serviert

Die arabische Welt ist von einer schier unendlichen Vielfalt. Diese Vielfalt spiegelt sich auch im Essen, in der Art des Servierens und in den Eßgewohnheiten bzw. den Sitten wider.

● ● ● ●

In manchen Ländern, etwa im Irak, werden alle Speisen bis zu den Süßigkeiten hin gleichzeitig auf dem Tisch ausgelegt, sodaß man sich von Anfang an körperlich und seelisch auf alles einstellen kann.

In Bagdad, der Hauptstadt des Irak, sieht eine Einladung meist folgendermaßen aus: Man sitzt beisammen, die Männer auf der einen und die Frauen gegenüber auf der anderen Seite des Raumes. Man redet untereinander, aber natürlich auch hinüber zur „anderen" Gruppe. Es wird getrunken und – meist Salziges – geknabbert. Wenn das Essen fertig zubereitet ist, wird man zu Tisch gebeten. Es dauert meist länger, bis man dort anlangt, da jeder dem anderen mit höflichen Gesten und tiefsinnigen Beschwörungen den Vortritt anbietet.

Die irakische Küche besteht nicht aus Vor- und Hauptspeise. Es gibt bei einer Einladung verschiedene Hauptgerichte, wobei der Reis, *timman*, Gemüse in Tomatensauce und Fleisch obligatorisch sind. Dann können auch gefüllte Zwiebeln, Auberginen und Weinblätter, *dolma* genannt, oder Suppe, Salate oder ein mit Reis, Nüssen und Rosinen gefülltes Huhn etc. dabei sein.

Bei einer größeren Einladung ist es üblich, ein Büffet aufzustellen, an dem sich jeder bedient und immer wieder von der Gastgeberin und dem Gastgeber zum Zugreifen ermuntert wird. Jeder sucht sich ein Plätzchen, um das Mahl einzunehmen. Dabei wird geplaudert, intensiv diskutiert, Witze werden erzählt. So ein Essen zieht sich oft über einige Stunden.

Auf dem Land bzw. in den traditionelleren Familien läuft ein Mahl anders ab: Männer und Frauen sitzen getrennt, die Männer z.B. draußen im Garten und die Frauen im Wohnzimmer – außer die Gäste sind Familienangehörige, dann sitzt man beisammen. Vor dem Essen geht ein junger Bursche mit einer Kupferschüssel, einem mit Wasser gefüllten Krug und einem über die Schulter geworfenen Handtuch von einem Gast zum anderen, beugt sich vor und gießt das Wasser über die Hände des Gastes in die Schüssel. Der Gast reibt dabei die Hände aneinander und nimmt sich das Handtuch zum Abtrocknen. Danach wird zum Essen gebeten.

Auf dem Boden ist ein großes Tuch ausgebreitet. Wie gesagt – wenn die Gäste Familienangehörige sind, essen Männer, Frauen und Kinder gemeinsam. Sind es „offizielle" Gäste, so werden zwei getrennte Eßplätze vorbereitet. Die kleinen Kinder essen bei den Frauen mit, die größeren dürfen meist wählen, wo sie mitessen wollen, wobei es üblich ist, daß die Burschen bei den Männern und die Mädchen bei den Frauen mitessen.

Zum Essen werden nur Löffel serviert. Brot ist immer dabei. Auch zum Reis ißt man Brot. Im Irak ißt man sogar zum Obst Brot, z.B. zur Wassermelone. Das Essen geht relativ schnell vor sich. Man ißt, genießt, steht auf, wäscht sich die Hände und setzt sich dann wieder zusammen. Das Plaudern wird eher auf vorher bzw. nachher verschoben. Nach dem Essen folgt der obligatorische schwere, süße Tee, *tschaj*. Ein großer Kessel wird mit Wasser gefüllt und aufs Feuer gestellt. Auf den Kessel setzt man einen Teetopf, der mit schwarzem Tee, ein wenig Wasser und zumeist auch mit Kardamom gefüllt wird. Wenn das Wasser im Kessel zu kochen beginnt, wird der Teetopf durch den Dampf sanft erwärmt und sein Inhalt ebenfalls zum Kochen gebracht. Diese Art des Teekochens dauert sicher länger, aber sie lohnt sich. Denn für diese sanfte Aufwärmung dankt der Tee, indem er sein ganzes Aroma entfaltet. Auch Tee braucht Zuwendung.

Jede Teetasse, *istikan*, wird zu einem Viertel mit dem konzentrierten Tee gefüllt, ein Löffel Zucker kommt hinzu, und dies wird mit dem heißen Wasser aufgegossen.

Dunkel, voll und satt strahlt der Tee durch das Glas, und die goldenen Ränder der *istikan* leuchten verlockend. Nebeneinander auf einem Tablett aufgereiht, werden die Tassen zu den Gästen getragen, um ihren Teil zum Genuß beizutragen. Oft werden auch Süßspeisen zum Tee serviert.

Wie vieles auf dieser Welt doch der Zufriedenheit des Menschen dient! Nach dem Tee kommt das Mittagsschläfchen. Man legt sich auf Matratzen, die Gastgeber ziehen sich meist in ihre Zimmer zurück, und die Gäste bleiben untereinander. So ein Mittagsschläfchen kann sich über ein bis zwei Stunden hinziehen. Jetzt kommt der Kaffee genau richtig. Man sitzt wieder beisammen und schlürft gemütlich und noch etwas träge den Kaffee. Die größte Tageshitze ist schon vorüber, und langsam kündigt sich die Frische des späten Nachmittags an. Das ist auch die Zeit, zu der man vor die Häuser geht und den Sand mit Wasser besprenkelt, um den Staub zu beruhigen und die Luft angenehm zu befeuchten. Die sich verabschiedenden Gäste werden somit vor dem Abschied noch einmal verwöhnt, denn vor der Türe empfängt sie angenehme Frische.

Einen Gast mit Wasser zu verabschieden, ihn mit Rosenwasser zu besprenkeln, ist eine Geste der Höflichkeit und Kostbarkeit – denn was ist in einer Wüstenregion kostbarer als Wasser, und welcher Duft schmeichelt der Nase mehr als der der Rose?

● ● ● ●

Im Libanon sind die Speisen und Eßsitten wieder ganz verschieden. Sowohl im Libanon als auch in Syrien und Jordanien serviert man zu Beginn eines Mahls eine große Kollektion an Gaumengenüssen – *mezze*, Appetithäppchen. Die Libanesen haben sich darin zur Meisterschaft entwickelt.

Als Gast setzt man sich zum Eßtisch, *sufra*, von dem her einem eine Fülle von kleinen Tellerchen, Schüsselchen und Platten anlächelt. Eine *mezze* kann aus bis zu 40 verschiedenen Zutaten bestehen. Obligatorisch ist die frische, mit Wasser beträufelte Gemüseplatte, die aus Gurken, Tomaten, Jungzwiebeln, Karotten, grünem Salat, Radieschen, Petersilie- und Minzbündchen sowie grünem Paprika besteht. Alles ist dekorativ arrangiert und aufeinander abgestimmt. Jeder Gast bedient sich selbst von dieser

Platte. Man nimmt sich, was man mag, auf seinen Teller, schält oder schneidet es und ißt es zu den anderen Häppchen.

Zur *mezze* gehören auch *hummus bit-thine*, Kichererbsenpaste, *tabbouleh*-Salat, *baba ghannujh* oder *mtabbel*, ein Auberginengericht, *falafel*, *ba'dunsiyye*, eine Petersilie-*tahine*-paste, *labaneh*, Joghurtcreme usw. Natürlich gibt es auch weitere Spezialitäten wie Schafszunge, Stierhoden und Beef tatare. Zur *mezze* wird immer frisches Fladenbrot serviert. So eine *mezze*-Sitzung kann sich ziemlich lange hinziehen; zwei Stunden sind ganz normal. Denn hier werden das Beisammensein und das Plaudern mit dem Essen kombiniert. Man nimmt sich einige Sachen auf seinen Teller, ißt gemächlich, macht wieder Pause, trinkt etwas, erzählt sich die letzten Neuigkeiten und greift dann wieder zu. Nachdem man sich halbsatt gegessen hat, kommt die Hauptspeise. Diese besteht meist aus gegrilltem Fleisch, Huhn oder Fisch. Nach der Hauptspeise steht man auf und geht ins Wohnzimmer, auf die Terrasse bzw. an einen Platz, wo man bequem und gemütlich sitzen kann. Die Männer-Frauen-Trennung ist im Libanon nicht so offensichtlich und ergibt sich, wenn überhaupt, eher zwanglos. Jetzt kommt entweder das Obst oder der Kaffee mit den Süßigkeiten. Wenn man satt ist, wird man sanft, die harten Konturen verschwimmen, das Gespräch wird heiter, und die Mundwinkel ziehen sich fast von selbst hoch. Und da erscheint auch die Krönung der Entspannung – die Wasserpfeife, die von beiden Geschlechtern gerne genossen wird. Vor allem in Jordanien ist sie stark verbreitet, wo sie bei keinen Zusammenkommen fehlen darf, sei es im Kaffeehaus, bei einem Musikabend oder nach dem Essen. Was früher in der Öffentlichkeit auf die Männer beschränkt war, wird jetzt auch von jungen und alten Frauen öffentlich genossen.

• • • •

Gäste in den Golfstaaten werden immer mit Weihrauch empfangen, der entweder von den Frauen selbst zubereitet oder für besondere Gelegenheiten im Jemen gekauft wurde. Im Orient heißt der Jemen das Land des Weihrauchs, denn der beste Weihrauch kommt von dort. Der Weihrauch wird in einer Tonschale gebracht, rechts und links zum Ohr und dann zum Gesicht geführt, wobei eine Hand den Weihrauchbehälter festhält und die andere den Rauch zufächelt. Manche Frauen stellen das Weihrauchgefäß auch kurz unter das Kleid, um sich von unten zu beweihrauchen.

Weibliche und männliche Gäste sind in den Golfstaaten streng getrennt. Paare sehen sich erst wieder, wenn sie gehen. Nach dem Weihrauch kommt der Kaffee. Heutzutage wird er aus Bequemlichkeit in Thermosflaschen aufbewahrt. Manchen sehen so aus wie die traditionellen Kaffeekannen. Der Kaffee wird in kleine Porzellantäßchen gegossen, meist „Made in China", und serviert. Dieser Kaffee besteht zu 70% aus Kardamom, wird ohne Zucker zubereitet und schmeckt ganz anders als der arabische Bohnenkaffee. Hat man ausgetrunken, wird automatisch nachgegossen. Hat man genug, muß man als Zeichen die Tasse hin und her schwenken.

Nach dem Kaffee folgt das Obst. Man sitzt auf Matratzen beisammen, lehnt sich bequem auf die Polster und genießt das Beisammensein. Dann ist es soweit, und man wird zum Essen gebeten.

In den Golfstaaten sitzt man beim Essen meist auf dem Boden. Ein Tuch wird ausgebreitet, rundherum sind Polster verteilt, sodaß jeder Gast bequem sitzen kann. Die selben Speisen werden auf mehrere Teller aufgeteilt, sodaß jeder Gast alle Speisevarianten in seiner Nähe hat, ohne sich unbequem vorbeugen zu müssen und andere damit zu belästigen. Es zeugt im Orient allgemein von guten Manieren, wenn man nur von den Speisen ißt, die direkt vor einem stehen, und man beginnt immer vom nächsten Rand des Tellers aus zu essen. Die Bissen, ob mit der Hand geformt, mit dem Brot oder mit dem Löffel geschöpft, sollten nicht zu groß sein; auch hierin zeigt sich die so gern gesehene Selbstdisziplin.

Wird mit den Fingern gegessen, ist es selbstverständlich, daß man sich die Hände vorher gut wäscht und nur eine Hand, nämlich die rechte, verwendet. Mit der anderen stützt man sich während des Essens ab oder wischt sich Haare aus dem Gesicht, kratzt sich ... usw. Ist man gezwungen, beide Hände zu verwenden, so hält man die kleinen Finger beider Hände sauber, indem man sie wegstreckt.

Die Sitzposition sollte immer so sein, daß man niemandem die Fußsohlen entgegenstreckt; sonst kann man sitzen, wie man will.

Mit den Fingen zu essen ist ein Hochgenuß, da die Sinne schon mit den Fingern angeregt werden und den Gaumen zu kitzeln beginnen. Will man z.B. Reis essen, so holt man sich vom Rand des Tellers mit dem Zeige- und Mittelfinger ein Häppchen näher, bringt es in den Handteller und drückt es zu einem ovalen Bissen zurecht, nimmt ihn dann in die Finger und führt ihn mit einem galanten, zarten Schwung in den Mund.

Wenn alle Beteiligten von der selben Eßplatte essen, ist es sehr wichtig, daß man höflich nur von dem Essen nimmt, das direkt vor einem liegt. Nimmt man sich etwas von anderswo, wird dies als gierig und unkontrolliert angesehen – beides Eigenschaften, die in der arabisch-islamischen Kultur sehr verachtet werden. Von seinem Essensanteil etwas auszuteilen, wird hingegen als großzügig und nachsichtig bezeichnet und gerne gesehen. Nach dem Essen folgt wieder der Kaffee und vor dem Abschied noch einmal der Weihrauch.

• • • •

Nicht in allen arabischen Ländern sind die Verhaltensregeln gegenüber den Gästen gleich. Hier einige Variationen: In manchen Ländern der Golfregion läßt man die Gäste alleine essen, damit man auch sicher geht, daß sie sich ganz frei bedienen und sich nicht schüchtern zurückhalten. In anderen Golfstaaten, im Irak, in Marokko und Palästina, aber auch in islamisch-traditionellen Familien wiederum wird Frauen und Männern getrennt serviert, da man den Akt des Essens als etwas Intimes ansieht.

In vielen arabischen Ländern beginnt die/der GastgeberIn erst dann mit dem Essen, nachdem sie/er alle Gäste versorgt hat, und dies bedeutet meist, wenn diese das Essen beendet haben, da ständig nachgeschenkt und behutsam darauf geachtet wird, daß es den Gästen an nichts fehlt. Selbstbeherrschung und Gastfreundschaft werden als Zeichen einer entwickelten Seele angesehen.

Das verwendete „Besteck“ variiert von Land zu Land und auch zwischen Stadt und Land: In vielen arabischen Ländern – vor allem in beduinischen Gesellschaften wie z.B. in Teilen des Iraks und Syriens sowie in den Golfstaaten – ißt man ausschließlich mit der Hand, wobei sehr wohl auf die Ästhetik geachtet wird. Im Libanon und in Syrien ist es z.B. Tradition, seine Häppchen mit dem Brot zu formen. Ein Stück des Fladenbrotes wird zu einer Schaufel zusammengedrückt, wobei der Daumen die Brotwände auseinanderhält. Das Brot wird in das Essen eingetaucht, und man schaufelt sich eine Menge davon heraus. In anderen Ländern, z.B. in Palästina, Ägypten und Jordanien, wird vor allem mit dem Löffel gegessen. Zum Essen werden nur Löffel serviert. Und dann gibt es die westlich beeinflußte Schicht, die die ganze Palette an Besteck verwendet, die in Europa bekannt ist.

Natürlich gibt es diese unterschiedlichen Eßgewohnheiten in jedem Land; sie variieren je nach Region und sozialer Schicht sowie zwischen Stadt und Land. Trotzdem hat jedes Land seine vorherrschenden Tendenzen und Traditionen, die ihm sein besonderes Flair verleihen.

● ● ● ●

In manchen Regionen wird die Obstschale mit den verschiedenen Obstsorten vor, in anderen nach dem Essen serviert. Sollte das Obst vorher aufgetragen werden, kann man davon ausgehen, daß das Essen erst in einer halben bis ganzen Stunde serviert wird.

Obst reinigt den Körper und wird in etwa 40 Minuten verdaut, viel schneller als andere Nahrungsmittel. Es ist daher eine kluge Sitte, das Obst vorher zu sich zu nehmen und den Körper so auf das kommende Essen vorzubereiten. Oft werden vor dem Essen auch kleine Schalen mit Nüssen und Oliven als Appetitanreger angeboten.

*Vor* dem Essen wird immer Wasser serviert und ein Schälchen mit Salz dazugestellt. Salz, *milh*, stimuliert den Appetit, und wie schon der Prophet Muhammad sagte: „Derjenige, der sein Mahl mit einer Prise Salz beginnt und beendet, der schützt sich vor 330 verschiedenen Krankheiten, unter anderem vor Darmgeschwüren und Zahnschmerzen ...“

Wasser oder andere Getränke *zum* Essen zu servieren, ist eine neue und leider nicht so gesunde Sitte. Vor allem Frauen sollten es vermeiden, während des Essens zu trinken, da dies zur Bildung von Zellulitis (Orangenhaut) beiträgt.

Egal, wofür man sich entscheidet – wichtig ist, daß man beim Essen eine angenehme, entspannende Atmosphäre schafft. Manchmal reicht eine Kerze, eine Rose oder ein nettes Tischtuch, und eine anregende Stimmung und friedliche Atmosphäre entsteht. Auch angenehme Musikstücke – aber keine übermäßigen Geräusche – während der Mahlzeit inspirieren den Körper und besänftigen den Geist.

● ● ● ●

Selbstverständlich gibt es auch Speisen, die zu speziellen Anlässen gekocht werden, z.B. zu einer Geburt, zu einer Beschneidungszeremonie, wenn jemand nach einer schweren Krankheit wieder genesen ist, wenn jemand einen Wunsch ausgesprochen hat und dieser in Erfüllung gegangen ist etc.

Hier ist eigentlich weniger die Speise wichtig als die Geste, die dahinter steht. Das Gekochte – z.B. ein Linsenteiggericht, *smat* genannt – wird an alle Nachbarn und an die Armen verteilt. Oft wird auch ein Schaf geopfert, vor allem bei der Geburt eines Kindes. Ein Kind kommt auf diese Welt, und ein anderes Wesen geht für es in die andere. Im Namen Gottes wird das Schaf hingelegt; man wartet in vollkommener Stille, bis es sich hingibt, dann wird mit einem Schnitt die Luft- und Speiseröhre durchgeschnitten, und das Blut beginnt zu rinnen. In manchen Ländern wird der Kopf des Kindes mit dem Blut eingeschmiert, oder man taucht die Hand in das Blut des Schafes und drückt sie auf die Hauswand, einen Blutabdruck hinterlassend, ein Schutz vor allem Schlechten. Das Fleisch dieses Schafes wird an die Armen und Bedürftigen verteilt. In manchen Fällen wird das ganze Fleisch verteilt, in anderen bleibt ein Drittel für die Familie, ein Drittel für die Armen und ein weiteres Drittel für die Nachbarn und Freunde.

Sich um seine Nachbarn und um die Bedürftigen zu kümmern, ist in den arabisch-islamischen Ländern Pflicht. Man ist für sieben Nachbarn vor sich, sieben zu seiner Rechten, für sieben zu seiner Linken und sieben hinter sich zuständig; seit es Hochhäuser gibt, auch für sieben unter und sieben über einem. Sollte einer von ihnen hungern und man ist satt, hat man seine Menschenpflicht nicht erfüllt.

Wenn Schwangere in „Riechnähe" wohnen, ist es üblich, ihnen ein wenig vom Gekochten zu schicken – und sei es ein kleines Schüsselchen –, damit nicht ihr Begehren unbefriedigt bleibt und sie und damit ihr Kind darunter leiden.

• • • •

Auch zum Fastenmonat Ramadan gibt es viele Speisen, die nur bzw. vor allem in diesem Monat zubereitet werden, in dem die gläubigen Muslime von Sonnenaufgang bis Sonnenuntergang fasten. Essen, Trinken und Rauchen ist untersagt. Nichts darf die Lippen berühren.

Am auffälligsten sind in diesem besonderen Monat die verschiedensten Brotarten und -formen, die plötzlich auftauchen. Und ... die Süßspeisen, z.B. *atayif*, Teigtäschchen, die entweder mit Nüssen oder mit süßem Käse gefüllt und dann in Zuckersirup getaucht werden. Lange Schlangen von durstigen, meist schon etwas gereizten Menschen stehen vor den *atayif*-

Ständen. Den *atayif*-Teig kauft man üblicherweise erst kurz vor Sonnenuntergang, damit er zu Hause ganz frisch gefüllt werden kann. Viel interessanter und lustiger, als *atayif*-Teig zu kaufen, ist es, die Menschen in der Schlange zu beobachten – wie jeder von ihnen mit dem Hunger, dem Durst, der Müdigkeit und dem Streß, rechtzeitig vor Sonnenuntergang zu Hause zu sein, fertig wird; wie er mit sich selbst und mit den anderen umgeht.

Essen und Trinken verbindet die Menschen; beim Essen über den Tellerrand in andere Eßkulturen und Gewohnheiten zu blicken, kann die eigene Kochkunst nur positiv bereichern.

Wie Ibn Khaldun* schon sagte: „Wie ähnlich sich doch die Menschen überall auf Erden sind, und doch wie unwahrscheinlich verschieden."

* Ibn Khaldun: einer der brillantesten arabischen Soziologen und Historiker. Er lebte im 14. Jahrhundert im muslimischen Spanien.

## Masseinheiten

Die in diesem Kochbuch angegebenen Maßeinheiten sind folgende:

El – Eßlöffel

Tl – Teelöffel

Bund

Tasse

Natürlich gibt es verschieden große Tassen und größere bzw. kleinere Kräuterbunde. Bei den Tassen ist es vor allem wichtig, dieselbe Tasse z.B. für den Reis und das dafür bestimmte Wasser zu verwenden, denn sonst geht es schief.

Kochen bedeutet immer Experimentieren, und ich finde, jede Köchin bzw. jeder Koch sollte selbst entscheiden und das Rezept ihrem bzw. seinem Geschmack und dem der Angehörigen entsprechend variieren.

Ich z.B. liebe Petersilie, aber meine Kinder picken sie immer heraus. Anstatt ein Gericht damit zu garnieren, gebe ich die gehackte Petersilie in eine Schüssel und serviere sie separat. So können sich alle nach ihrem Geschmack bedienen.

Ich verwende beim Kochen folgende Verhältnisse von Maßeinheiten:

30 El = 60 Tl = 1 Tasse = 250 ml

Wenn 1 Becher Joghurt erwähnt wird, sind damit 200 ml gemeint.

Bei der Temperatur des Backrohrs sind meist die Hitzegrade angegeben, doch manchmal stehen nur die Zahlen 1-8 auf dem Backrohrknopf. Ich würde Intuition und Erfahrung einsetzen.

Dann also viel Freude beim Kochabenteuer!

# Grundrezepte und kleine Beilagen

*Kochen ist eine herrliche Zeit zum Musikhören oder Meditieren!*

*„la tudchul ben il-basale wu-qishritha,*
*ma binubak illa rihitha“*
Stelle dich nicht zwischen die Zwiebel und ihre Schale,
denn mehr als ihren Geruch wirst du nicht abbekommen.
arabisches Sprichwort

## Zubereitung von Zwiebeln

*basal*

Zwiebeln sind ein altes Heilmittel, das im Orient schon seit langer Zeit gegen verschiedene Unannehmlichkeiten verwendet wird. Zwiebeln stärken das Verdauungssystem und reinigen die Gedärme. Sie beruhigen die Nerven und helfen gegen Krämpfe sowie gegen hohen Blutdruck. Behält man ein Stück Zwiebel und ein Stück Knoblauch 4 Minuten lang im Mund, so tötet dies alle Mikroben im Rachen. Doch sollte man täglich nicht mehr als zwei mittelgroße Zwiebeln zu sich nehmen.
Um den Mundgeruch loszuwerden, kann man Petersilie- bzw. Pfefferminzblätter kauen oder Kaffeebohnen lutschen.

● ● ● ●

Es gibt zwei Methoden, wie man Zwiebeln rösten kann:

1. Schäle die Zwiebeln und schneide sie in dünne Scheiben. Röste sie in Öl, während du sie ständig umrührst. Wenn sie goldbraun werden, entferne sie vom Feuer.
2. Schäle die Zwiebeln und schneide sie in kleine Würfel. Gib die Zwiebeln mit dem Öl in eine Pfanne und rühre sie ständig unter hoher Hitze um. Wenn sie beginnen, langsam goldbraun zu werden, drehe die Flamme kleiner und rühre weiter um, bis die Zwiebeln zartbraun werden.

# Zubereitung von Knoblauch

*tum*

Knoblauch ist eines der gesündesten Gewürze. Er enthält wertvolle Vitamine und Mineralstoffe, ist gut für die Leber und wirkt antibiotisch. Das Essen von Knoblauch schützt vor vielen Krankheiten. Vier Wochen lang täglich eine Knoblauchzehe auf nüchternen Magen senkt den Cholesterin-Spiegel im Blut. Gekocht oder gegrillt, beruhigt Knoblauch Zahnschmerzen und hilft gegen durch Husten verursachte Brustschmerzen sowie gegen Erkältungen. Mit Knoblauchöl behandelt man Insektenbisse.
Für die meisten Rezepte wird Knoblauch zermahlen. Die besten Resultate erreicht man in einem hölzernen Mörser, aber es geht natürlich auch mit einer Knoblauchpresse.
Schäle den Knoblauch und schneide jede Zehe in zwei Teile. Füge etwas Salz hinzu und zermahle die Knoblauchstücke im Mörser, bis sie ganz cremig werden, bzw. drücke sie in der Knoblauchpresse aus. Gib ein wenig Olivenöl hinzu und vermische alles mit der Mörserkeule. Nachdem der Knoblauch das ganze Öl aufgesaugt hat, gib noch einmal ein wenig Öl hinzu, bis die Mischung so cremig wird wie Mayonnaise.
Man kann Knoblauch lange aufbewahren, indem man ihn schält und in Olivenöl einlegt. Mit der Zeit nimmt das Öl den Knoblauchgeschmack an und eignet sich daher gut zum Salatdressing.

*Was immer du vorhast, tue es bald.*
*Es gibt nicht endlos viele Morgen.*

# Zubereitung der Gewürzmischung

*bhar*

**Zimt**

Ein großartiges Heilmittel gegen Verdauungsprobleme. Zimt wärmt und ist besonders wichtig für Vegetarier in kühleren Klimazonen. Vermischt mit Honig ist Zimt gut gegen Husten, Asthma und Verkühlungen. Zimt reinigt die Brust und öffnet Blockaden in der Niere.

**Muskatnuß**

Verhindert die Schleimbildung, reinigt die Leber und die Milz.

**Gewürznelken**

Beruhigen die Nerven, aktivieren die Menstruation, helfen bei der Verdauung, stärken und erhitzen den Magen und helfen gegen Kopfschmerzen. Man kann Zahnschmerzen lindern, indem man Gewürznelken auf den schmerzenden Zahn legt und darauf beißt.

## 1. Variante der Gewürzmischung:

Diese Mischung wird vor allem im Libanon, in Syrien und Palästina verwendet.

- ¼ Tasse gemahlener Zimt
- ¼ Tasse geriebene Muskatnüsse (etwa 4 Stück)
- ¼ Tasse gemahlene Gewürznelken

Alles gut vermischen, in einen Behälter geben und je nach Bedarf verwenden!

## 2. Variante der Gewürzmischung:

Diese Mischung wird vor allem in der Golfregion verwendet.

- ½ Tasse schwarzer Pfeffer
- ¼ Tasse gemahlene Koriandersamen
- ¼ Tasse gemahlene Gewürznelken
- ¼ Tasse gemahlener Zimt
- ⅓ Tasse gemahlener Kümmel
- ¼ Tasse süßer roter Pfeffer
- ¼ Tasse geriebene Muskatnüsse (etwa 4 Stück)
- 3 Tl gemahlener Kardamom

Alles gut vermischen, in einen Behälter geben und je nach Bedarf verwenden.

***„tili' min il mulid bila hummus"***

Er kam von der Feier, ohne auch
nur *hummus* gegessen zu haben.

arabisches Sprichwort

Bei allen Geburtsfesten ist *hummus*, gekochte Kichererbsen, das Grundgericht, das angeboten wird und das sich auch der Ärmste leisten kann. Wenn jemand bei einer Sache dabei war bzw. sich beteiligt und überhaupt nichts abbekommen hat, also leer ausgegangen ist, wird dieses Sprichwort verwendet.

# Zubereitung von Kichererbsen

*hummus*

Es ist am besten, die Kichererbsen über Nacht in die vierfache Menge Wasser einzulegen.
Fügt man einen halben Teelöffel Bikarbonat (doppeltkohlensaures Natrium) hinzu, verringert sich der folgende Kochprozeß von 4 auf 2 Stunden.
Am nächsten Tag die Kichererbsen abtropfen lassen, mit kaltem Wasser waschen und in einen schweren Topf geben, mit frischem Wasser abdekken und ungefähr 2 bzw. 4 Stunden köcheln lassen. Falls ein Druckkochtopf verwendet wird, dauert es ½ (mit Bikarbonat) bzw. 1 Stunde (ohne Bikarbonat). Die Kichererbsen abtropfen lassen.

● ● ● ●

Möchte man ganz besonders feines Kichererbsenpüree haben, kann man die Kichererbsen schälen, indem man sie zwischen den Handtellern reibt – so lösen sich die Schalen; man kann auch die Kichererbsen in ein Tuch einschlagen und einige Male mit dem Nudelholz darüberrollen. Anschließend in eine Schüssel mit Wasser geben – die Kichererbsen sinken, und die Schalen bleiben an der Oberfläche.

Gemeinsam mit Brot bildet Reis in der arabischen Welt die Basisnahrung. In den Golfstaaten hat Reis denselben Namen wie Brot in anderen arabischen Ländern, nämlich: Leben, *esch*.

# Zubereitung von Reis

*ruz*

## Weißer Reis – brauner Reis

Reis hat einen eigenen Charakter, einen eigenen Duft und eine besondere Beschaffenheit; trotzdem ist er unaufdringlich und daher für viele Kombinationen geeignet.
Es ist nicht schwer, Reis zu kochen, und doch hat Reiskochen etwas Mystisches an sich. Jede Familie im Orient hat ihre eigene Art, den Reis zuzubereiten, die sie besonders schätzt und die alle anderen Varianten suspekt macht. Doch allgemein herrscht in jedem Land eine Methode vor. In Ägypten zum Beispiel liebt man den patzigen Reis, in Syrien, im Libanon und in Palästina muß er luftig sein, und kein Korn sollte am anderen kleben.
Im Libanon und in Syrien geht man so vor: Das Wasser wird zum Kochen gebracht und der gewaschene und abgeseihte Reis hineingestreut; man läßt alles wieder aufkochen, und dann köchelt der Reis dahin, bis er gar ist. In Syrien gießt man meist noch zerlassene Butter darüber.
In Ägypten röstet man den gewaschenen, abgeseihten Reis in Öl oder Butter. Dann kommen Wasser und Salz dazu. Man bringt das Wasser zum Kochen und läßt den Reis köcheln, bis er gar ist.
In Palästina geht man ähnlich vor wie in Ägypten, wobei man sehr darauf achtet, daß wirklich jedes Reiskorn mit Öl überzogen ist. Das Wasser wird allerdings zum Kochen gebracht, bevor es über den Reis gegossen wird. Dies soll den Reis vor dem Patzigwerden schützen.

● ● ● ●

Die folgenden Punkte sind beim Reiskochen immer zu beachten, egal, für welche Methode man sich entscheidet:
Wichtig ist, daß man einen Topf mit schwerem Boden und einem gut schließenden Deckel verwendet, sodaß sich die Hitze gleichmäßig und gut verteilen kann.
Falls der Deckel nicht gut schließt, kann man eine Aluminiumfolie darüber geben und diese an den Seiten des Deckels fest anpressen, denn man sollte beim Reiskochen so wenig Wasser wie möglich verwenden. Auf die-

se Weise bleibt der ganze Dampf im Topf; der Reis wird praktisch durch den Dampf gar.
Die meistverwendeten Reisarten sind Langkorn-, Rundkorn- und brauner Reis, doch am begehrtesten ist Basmati-Reis (Langkorn). Sein Duft erinnert an die Tore des Paradieses und belebt die Sinne wie der Geruch von frischgebackenem Brot.
Für Lang- und Rundkornreis braucht man 1½ Tassen Wasser auf 1 Tasse Reis; wird der Reis vorher ½ Stunde in Wasser eingelegt wird, braucht man nur 1⅓ Tassen Wasser.
Brauner Reis braucht 2 Tassen Wasser auf 1 Tasse Reis; bei braunem Reis ist es empfehlenswert, ihn vorher in Wasser einzulegen.
Im allgemeinen wird die gebrauchte Wassermenge vorher zum Kochen gebracht und heiß über den Reis gegossen. Ich kann das nur empfehlen, vor allem, wenn der Reis vorher kurz in Öl angeröstet wird. Es geht erfahrungsgemäß kaum etwas schief mit dem Reis, es geht schneller, und er entfaltet trotzdem sein ganzes Aroma.

● ● ● ●

Soll man Reis vorher in Wasser einlegen? Im Orient wird dies immer gemacht, um Staub und übermäßige Stärke abzuwaschen. Der Reis wird so lange gewaschen, bis das Wasser ganz klar abfließt. Das Waschen und Einlegen des Reises in Wasser vermeidet auch das Aufbrechen und Verkleben der Reiskörner.

● ● ● ●

Anrösten der Reiskörner ist eine im Nahen Osten oft verwendete Methode, um dem Reis noch mehr Geschmack zu geben und das ganze Aroma herauszuholen. Nachdem der Reis in Wasser eingelegt war, gibt man ihn erst in ein Sieb und dann mit 2 Eßlöffeln Öl in einen schweren Topf.
Die Körner werden kurz angebraten, bevor das Wasser und das Salz hinzugefügt werden.

● ● ● ●

Übriggebliebener Reis kommt in den Kühlschrank und kann am nächsten Tag in einer Pfanne mit ganz wenig Wasser und zugedeckt auf kleiner Flamme aufgewärmt werden.

# Zubereitung von Joghurtcreme

*labaneh*

5 Becher Joghurt
½ Tl Salz

Das Joghurt mit dem Salz gut vermischen und in ein Leinentuch gießen.
Das Tuch zusammenbinden und über die Abwasch hängen.
Etwa 4 Stunden lang abtropfen lassen.
Am nächsten Tag in einen Behälter geben. Hält längere Zeit im Kühlschrank.
Man kann *labaneh* zum Frühstück oder Abendessen zu sich nehmen und als Bestandteil der *mezze* verwenden.
Man gibt *labaneh* in eine Schale, formt mit einem Eßlöffel eine Rille und gießt etwas Olivenöl hinein.
Mit Fladenbrot, frischen Pfefferminzblättern und Oliven servieren.

Wickel mit *labaneh* bzw. Topfen helfen gegen Halsentzündungen, geschwollenen Hals und hohes Fieber: Reichlich *labaneh* oder Topfen auf ein Leinentuch streichen, das Tuch wie ein Päckchen einschlagen und um den Hals wickeln, den Bereich der Wirbelsäule auslassen. Den Wickel so lange tragen, bis die *labaneh*- bzw. Topfenschicht eingetrocknet ist (etwa 2 Stunden).

Joghurt hilft auch bei vaginalen Pilzinfektionen. Frauen, die täglich Joghurt zu sich nehmen, haben dreimal weniger Pilzinfektionen als Nicht-Joghurt-Esserinnen.*

* Helga Kuhn: Tips + Tricks für jeden Haushalt. Wien 1992.

# Zubereitung von Joghurtbällchen

*labaneh makbuseh*

Für die Joghurtbällchen gilt derselbe Vorgang wie für die Zubereitung von *labaneh*, nur sollte in diesem Fall das übriggebliebene Joghurt wirklich ganz trocken sein – also am besten über Nacht abtropfen lassen.
Das Joghurt in eine Schüssel geben. Einen Glasbehälter mit dichtem Verschluß vorbereiten.
Das Joghurt mit den Händen zu nußgroßen Bällchen formen und behutsam in den Glasbehälter legen.
Die Joghurtbällchen mit Olivenöl bedecken, verschließen und in den Kühlschrank stellen.*
Zum Servieren einige Bällchen herausnehmen, in eine Schale geben und ein wenig Olivenöl aus dem Behälter darüber gießen.
Die Joghurtbällchen können einen Teil der *mezze* bilden oder allein mit Fladenbrot und Oliven gegessen werden.

* Joghurtbällchen halten im Kühlschrank einige Monate lang.

*Schneide Brot nicht mit dem Messer,*
*sondern gib ihm die Ehre,*
*mit den Händen geteilt zu werden.*

Im Nahen Osten verbindet man mit Brot ein religiöses und abergläubisches Gefühl.
Für viele ist Brot mehr als jedes andere Lebensmittel ein direktes Geschenk Gottes. Wenn Brot auf den Boden fällt, so wird es sofort aufgehoben, man küßt es und führt es zur Stirn.
Für Brot gehen die Ägypter auf die Straße – kein Wunder, denn Brot ist für die Armen überlebenswichtig, und so wird es auch von den Ägyptern liebevoll *esch*, „Leben", genannt.

## Zubereitung von Fladenbrot

*chubuz 'arabi*

Ergibt: 16 Fladenbrote
Zubereitungszeit: 10 Min. + 2 Std. zum Gehen/Backzeit: 5-8 Min.

- 6 Tassen Mehl
- 2 Tl Trockenhefe
- 2 Tassen lauwarmes Wasser
- 1½ Tl Salz
- 1 Tl Zucker
- 2 El Olivenöl

Das Mehl im Backrohr ein wenig anwärmen.
Die Trockenhefe in ¼ Tasse lauwarmem Wasser auflösen.
Das restliche Wasser, Zucker und Salz hinzufügen.*
Gib zwei 2 Tassen Mehl in eine Schüssel, forme in der Mitte eine Mulde und gieße die Hefe hinein. Gut vermischen.
Die Schüssel zudecken und warten, bis sich Bläschen bilden.
Den Rest des Mehls in eine andere Schüssel geben und langsam das Öl hinzufügen.
Gut vermischen und zum restlichen Mehl dazugeben.

* Zucker und Öl verhindern den Gärungsprozeß der Hefe, deshalb sollen sie nicht gleich mit der Hefe vermischt werden.

10 Minuten lang mit der Hand oder 5 Minuten lang mit der Küchenmaschine verarbeiten.
Etwas Mehl auf der Arbeitsfläche verteilen und den Teig weitere 10 Minuten kneten, bis er sich glatt und elastisch anfühlt.
Zu einer Kugel formen.
Eine Schüssel mit Öl einfetten, den Teig hineinlegen, umdrehen, damit beide Seiten mit dem Öl in Berührung kommen, zudecken und an einem warmen Platz etwa 1-1½ Stunden ruhen lassen bzw. bis sich sein Volumen beinahe verdoppelt.
Wieder etwas Mehl auf die Arbeitsfläche geben, den Teig herausnehmen, 1 Minute lang kneten und dann in 16 gleich große Bällchen teilen.
Jedes Stück zu einem Fladen von 12 cm Durchmesser ausrollen. Die Fladen auf ein bemehltes Tuch legen, mit einem weiteren Tuch zudekken und 20 Minuten ruhen lassen.
Backofen auf 260 Grad vorheizen.
Ein Backblech einfetten und die Fladen darauf verteilen.
Die Fladen 5 Minuten backen.
Die Fladen sollten weich und hell sein und gut aufgehen, also innen hohl sein.
Die Fladenbrote herausnehmen und in ein Tuch einwickeln, damit sie warm und weich bleiben.

**Einfrieren:**
Fladenbrote in einen Plastiksack geben und ins Gefrierfach legen.
Zum Essen kurz im Ofen aufwärmen.

Man kann auch Vollkornmehl verwenden.

Traditionellerweise wird beim Zubereiten des Teiges kein Öl verwendet. Aber Öl strafft den Teig und gibt dem Brot ein zusätzliches Flair.

*Das Auge ißt immer mit.*

Wenn man weich gewordene Tomaten 10 Minuten lang in eiskaltes Wasser legt, werden sie wieder fester.
Wenn man Tomaten kurz mit kochendem Wasser übergießt, lassen sie sich ganz leicht schälen.
Tomaten und Gurken nicht gemeinsam aufbewahren. Die Tomaten scheiden ein Gas aus, durch das die Gurken schneller verderben.

## Schälen und Verzieren mit Tomaten/ Paradeisern

Keine Frucht hat im arabischen Raum so viele verschiedene Namen bzw. Aussprachevarianten wie die Tomate, die in Österreich Paradeiser heißt – *tamata* im Irak, *tamatim* in Ägypten, *banadura* im Libanon, *bandora* in Palästina ... usw.
Um Tomaten zu schälen, schneidet man den Fruchtansatz heraus und die Haut der Tomate kreuzweise ein. Dann die Tomaten kurz in kochendes Wasser legen, bis sich die Haut ein wenig kräuselt. Danach läßt sich die Schale ganz leicht abnehmen.
Eine andere Art, Tomaten zu schälen, besteht darin, sie auf einer Gabel über einer kleinen Flamme zu halten, bis die Schale platzt.

● ● ● ●

Pralle rote Tomaten eignen sich besonders gut zum Dekorieren:

**Zickzackmuster:**
Mit einem scharfen Messer rund um die Tomatenmitte ein Zickzackmuster schneiden und dann die beiden Hälften auseinandernehmen.

**Tomatenrose:**
Beim Boden einer festen Tomate beginnen, zuerst eine Scheibe abschneiden und dann die Schale spiralenförmig weiterschneiden. Die Schale auf ein Brett legen und locker einrollen. Damit erhält man den äußeren Teil der Rose. Diesen mit einem Zahnstocher festmachen.

Ein zweites Stück der Schale fest einrollen. So erhält man die Rosenmitte. In die Mitte der ersten Rolle legen und ebenfalls mit einem Zahnstocher befestigen.

**Tomatentulpe:**
Die obere Hälfte der Tomate sechsmal bis zur Hälfte diagonal einschneiden.
Die Haut mit einem scharfem Messer zurückbiegen.

● ● ● ●

Salate und Gerichte sehen mit dieser Dekoration besonders appetitlich, für das Auge anregend und für den Gaumen stimulierend aus.

*Lerne, mit dem Leben zu fließen und nicht gegen Veränderungen und Abweichungen anzukämpfen.*

# Zubereitung von eingelegtem Gemüse

*chudra mchallaleh*

- ½ kg Karotten
- ½ kg kleine Zucchini
- ½ kg kleine grüne Tomaten oder 2 große grüne Tomaten
- 1 kleiner Blumenkohl
- 15 Knoblauchzehen
- 1-2 Chilischoten (nach Belieben)
- Dillzweige (nach Belieben)
- 5 Tassen Wasser
- 1 Tasse Essig
- 5 El Salz
- Glasbehälter mit dichtem Verschluß

Das Gemüse gut waschen.
Karotten abschaben und in 1 cm dicke Scheiben schneiden.
Zucchini in 1-2 cm dicke Scheiben schneiden.
Blumenkohl in kleine Rosetten aufteilen.
Die kleinen Tomaten halbieren bzw. die großen vierteln.
Knoblauchzehen schälen und ganz lassen.
Gemüse mit Knoblauch, Dillzweigchen und Chilischoten schichtweise dekorativ in einen großen bzw. in mehrere Glasbehälter hineinlegen.
Wasser und Salz in einen Topf geben und zum Kochen bringen, den Essig dazugeben, umrühren und abkühlen lassen.
Die abgekühlte Essig-Salz-Mischung über das Gemüse gießen und dicht verschließen. Bei Zimmertemperatur aufbewahren.
Nach 7 bis 10 Tagen ist das Gemüse soweit.
Nachdem der Behälter geöffnet worden ist, sollte er im Kühlschrank aufbewahrt werden.
Das Gemüse hält mehrere Monate.
Das eingelegte Gemüse kann zur *mezze* und zu vielen anderen Gerichten serviert werden.
Es ist appetitanregend und erfrischend.
Eingelegtes Gemüse ist auch ein nettes Mitbringsel bei Einladungen.

Verwendet man Gläser mit Schraubverschluß, so vermeidet man ein Verschimmeln, indem man die Gläser mit dem eingelegten Gemüse auf den Kopf gestellt aufbewahrt.

# Gemüsegerichte

*Gemüse und die ganze Welt*

*Wenn du ißt, dann zieh die Schuhe aus, denn dadurch entspannen sich die Füße und mit ihnen der ganze Körper.*

Gemüse spielt in der arabischen Küche eine Hauptrolle. Es hält in der Nahrungshierarchie eine wichtige und erhabene Position inne.

Gemüse kauft man meist frühmorgens ein; dies ist im Orient mit einer Suche nach Kostbarkeiten zu vergleichen. Man wandert gemächlich von Gemüsestand zu Gemüsestand, betrachtet das Gemüse, aber auch den Verkäufer und dessen Ausstrahlung genau. Gemüse wird berührt, gerochen, ausgesucht; man feilscht darum und bringt es dann, stolz auf die Beute, nach Hause.

Das Handeln gehört zum Einkaufen einfach dazu. Es schärft die Sinne, stärkt die Überzeugungskraft und gibt dem Einkaufen eine weitere menschliche Dimension.

**Auberginen**

Auberginen gehören zu den beliebtesten Gemüsen im Nahen Osten. Wegen ihrer Vielfalt in Farbe und Form gibt es viele Geschichten über sie, angefangen von der Fähigkeit, sanft zu stimulieren, bis hin zu magischen Kräften, bösen Kräften, die angeblich in den Auberginen hausen und den Frauen die Fruchtbarkeit rauben.

## Auberginen-(Melanzani-)tahine-Paste

*baba ghannujh*

Für 4-6 Personen
Zubereitungszeit: 15 Min./Garzeit: 15 Min.

- 2 große Auberginen (Melanzani)
- 1-2 gepreßte Knoblauchzehen
- ¼ Tasse Sesampaste *tahine*
- ¼ Tasse Zitronensaft
- 1-2 Tl Salz
- Olivenöl
- Petersilie

Backrohr vorheizen.
Einige Male mit der Gabel in die Auberginen stechen, diese auf eine Alufolie oder auf Backpapier geben und im Ofen grillen.
Von Zeit zu Zeit wenden, sodaß die Haut auf allen Seiten Bläschen bekommt und anbräunt.
So weitermachen, bis die Auberginen weich werden.
(Diese Prozedur kann man auch über einer offenen kleinen Flamme durchführen. Die Auberginen dabei am Stiel halten).
Die Schale sowie das Ende und die Region um den Stiel entfernen, falls sie hart sind.
Die Auberginen mitsamt *tahine*, Zitronensaft, Knoblauch und Salz in einer Küchenmaschine pürieren. Abschmecken.
In eine Schale geben, mit einem Eßlöffel eine Rille formen und in diese etwas Olivenöl träufeln.
Mit feingehackter Petersilie garnieren.
Mit Fladenbrot servieren.

# Auberginen in Joghurtsauce

*batinjhan ib-laban*

Für 5-6 Personen
Zubereitungszeit: 30 Min./Garzeit: 20 Min.

1 kg Auberginen
1 Becher Joghurt
4 gepreßte Knoblauchzehen
1 El getrocknete Petersilie
Salz
1 Prise Cayennepfeffer

Auberginen waschen und in etwa 1 cm dicke Scheiben schneiden, auf einem Tablett ausbreiten und salzen, um sie zu entwässern.
Nach einer halben Stunde abwaschen und trocknen.
Öl erhitzen und die Auberginenscheiben darin goldbraun braten.
Knoblauch, Petersilie und Salz ins Joghurt geben und gut vermischen.
Die Auberginen in eine Schüssel geben und das Joghurt darüber gießen.
Auberginen können auch mit dem Joghurt vermischt werden.
Mit Cayennepfeffer oder gemahlenem roten Paprika garnieren.

**Vorschlag**:
Man kann auch einen Eßlöffel *tahine* hinzufügen.

*In jedem Menschen existiert eine Schatzkammer*
*voller Weisheit, Frieden, Liebe und Freude.*
*Schütze und nähre diesen Schatz!*

## Auberginenpaste

*batinjhan maschwi „rahib"*

Für 5 Personen

Zubereitungszeit: 15 Min./Garzeit: 20 Min.

1 kg runde Auberginen
4 gepreßte Knoblauchzehen
½ Tl Salz
½ Bund Petersilie

Auberginen waschen und abtrocknen.
Auf kleiner Flamme grillen, bis die Haut Bläschen bekommt und braun wird bzw. bis die Auberginen weich werden.
Die Auberginen können auch im Backrohr gegrillt werden. Immer wieder umdrehen, damit die Hitze alle Seiten erreicht.
Die Auberginen entweder unter kaltem rinnenden Wasser schälen und dann sanft abtrocknen oder abkühlen lassen und danach schälen.
Auberginen mit Knoblauch und Salz in der Küchenmaschine pürieren.
Petersilie fein zerhacken.
Das Auberginenpüree in eine Schüssel geben, mit etwas Olivenöl beträufeln und mit der Petersilie garnieren.

**Innere Ruhe**

Versuche die Übung zuerst einmal ohne äußere Bewegungen; mit der Zeit führe sie während der verschiedenen Tätigkeiten durch (ich würde vorschlagen: mit offenen Augen):
Setze dich auf einen Stuhl oder auf den Boden.
Schließe die Augen und atme langsam und ruhig.
Wende deine Sinne und deine Aufmerksamkeit von außen nach innen.
Beobachte deine Gefühle und Gedanken, ohne zu urteilen, etwas verändern zu wollen oder zu analysieren.
Gib dich ganz der Ruhe hin, gönne dir diese Zeit und genieße sie.

**Gefülltes Gemüse**

Gefülltes Gemüse wird im Irak und in der Türkei *dolma* genannt, in den anderen arabischen Ländern *mahschi*. Es ist eines der beliebtesten Gerichte im Orient. Fast jedes Gemüse wird gefüllt, und es gibt eine große Variationsbreite an Füllungen. Karotten und Kartoffeln werden vor allem mit Fleisch und Nüssen gefüllt, Blätter (Mangold, Weinblätter, Kohl), aber auch weicheres Gemüse wie Zucchini, Auberginen oder Tomaten füllt man mit Reis.
Der Ursprung dieser Zubereitungsart ist nicht ganz sicher; sowohl Türken als auch Griechen bestehen darauf, daß es ihre Erfindung sei. In den arabischen Ländern verbreitete sich diese Kochweise erst während der Zeit des Osmanischen Reiches, wo gefülltes Gemüse an hohen Festessen serviert wurde.*

* Vgl. Claudia Roden: A Book of Middle Eastern Food, S. 298.

# Gefüllte Auberginen

*mahschi batinjhan*

Für 4-5 Personen
Zubereitungszeit: 1 Std. 20 Min./Garzeit: 2 Std.

1 kg kleine Auberginen
2 Zwiebeln
3 reife Tomaten
½ Tasse Rundkornreis
2 Bund Petersilie
1 El Salz
½ Tasse Olivenöl oder Pflanzenöl
*bhar* (Zimt-Muskatnuß-Gewürznelken-Mischung)
Pfeffer
Saft von 3 Zitronen
1 grüner Paprika

Zwiebeln fein schneiden und mit *bhar* und Salz gut vermischen.
Petersilie und Tomaten fein hacken.
Den Reis waschen und mit den Zwiebeln, den Tomaten und der Petersilie vermischen.
Öl und Zitronensaft dazumengen und die Mischung zur Seite stellen.
Auberginen beim Stiel köpfen.
Man kann die Auberginen leicht aushöhlen, indem man sie zwischen den Händen bzw. auf der Arbeitsfläche rollt, um das Fruchtfleisch zu lockern.
Auberginen vorsichtig ganz aushöhlen, ohne die Außenhaut zu verletzen* (siehe: Variante zum Aushöhlen).
Jetzt die Auberginen bis fast zum Hals (bis zu drei Vierteln!) füllen.
Paprika waschen, in Scheiben schneiden und den Boden des Topfes damit auslegen.
Auberginen darauf verteilen.
Den Saft der Füllung, 1½ Tassen Wasser sowie 1 Prise Salz darüber gießen.
Aufkochen und auf kleiner Flamme zugedeckt etwa 2 Stunden lang köcheln lassen bzw. bis die Auberginen weich sind.**
Vom Feuer entfernen, etwas abkühlen lassen.
In einer Schüssel servieren und mit grünen Paprikascheiben dekorieren.

* In türkischen oder anderen orientalischen Läden erhält man spezielle Aushöhlstäbe.

** Damit sich die Auberginen nicht bewegen, einen Teller darüber stülpen und dann mit dem Deckel zudecken.

**Variante zum Aushöhlen**
Falls es zu kompliziert ist, die Auberginen auszuhöhlen, gibt es eine vereinfachte Variante:
Die Aubergine streifenweise schälen (einen Streifen schälen, einen belassen). Das Resultat ist eine gestreifte Aubergine.
Die Aubergine mit Salz bestreuen und etwa 15 Minuten lang ruhen lassen, um ihr den Saft zu entziehen.
Auberginen in ein Sieb geben, abwaschen und mit einem Küchenpapier oder Tuch trocken tupfen.
In jede Aubergine einen Schlitz hineinschneiden, aber nicht durch die Frucht hindurch schneiden. Die Schlitze mit der Füllung füllen und die Auberginen, immer mit dem Schlitz nach oben, nebeneinander im Topf auflegen.

**Olivenöl**

Olivenöl ist das beliebteste Öl im Nahen Osten. Manche trinken Olivenöl pur, wenn sie sich müde oder schwach fühlen.

Viele alte Leute glauben, daß Olivenöl und auch Honig gegen alle Leiden und Krankheiten helfen – außer gegen jene, die dem Menschen geschickt wurde, damit er daran stirbt.

## Auberginen in Öl

*batinjhan biz-zet „maghmur"*

Für 3-4 Personen

Zubereitungszeit: 20 Min./Garzeit: 40 Min.

- 1 kg kleine Auberginen
- 5 kleine Zwiebeln
- 1 kg reife Tomaten
- 7 Knoblauchzehen
- 2 El Zitronensaft
- 1½ El Salz
- ¼ Tl *bhar* (Zimt-Muskatnuß-Gewürznelken-Mischung)
- ½ Tl getrocknete Petersilie
- 1 Tasse Olivenöl

Auberginen in Würfel schneiden, salzen und ½ Stunde entwässern lassen.

Dann abwaschen und abtrocknen.

Zwiebeln und Knoblauchzehen kleinschneiden.

Tomaten schälen und halbieren.

Öl in einem Topf erhitzen und die Auberginen darin zartbraun braten. Herausnehmen.

Danach Zwiebeln und Knoblauch im Öl zartbraun rösten.

Auberginen und Tomaten zu den Zwiebeln und dem Knoblauch geben.

Getrocknete Petersilie, Zitronensaft, *bhar* und Salz dazugeben.

Aufkochen und etwa 20 Minuten lang auf kleiner Flamme köcheln lassen.

Kann warm oder kalt serviert werden.

**Variante:**

Eine halbe Tasse Kichererbsen dazugeben (siehe Zubereitung von Kichererbsen).

**Pfefferminze**
Schützt vor Schwindelanfällen und Magenschmerzen. Gurgeln mit in Wasser gekochter Minze heilt das Zahnfleisch. Entzündungen in der Brust kann man lindern, indem man eine Paste aus Pfefferminzblättern, Essig und Weißbrot ohne Rinde zusammenmischt. Diese Paste wird etwa 30 Minuten lang auf die entzündete Region aufgelegt. Pfefferminze hilft auch gegen Seekrankheit.

## Gebratene Auberginen

*batinjhan ma'li*

Für 2-3 Personen
Zubereitungszeit: 15 Min./Garzeit: 15 Min.

- 2 große Auberginen
- Saft von ½ Zitrone
- 2 gepreßte Knoblauchzehen
- Salz, Pfeffer
- Olivenöl
- 1 Tomate
- frische Minzblätter

Die Auberginen waschen und nur teilweise schälen, sodaß ein Streifenmuster entsteht.
Die Auberginen längs durchschneiden, jeder Teil soll etwa 2 cm dick sein.
Auberginen auf einem Tablett ausbreiten und mit Salz bestreuen.
Nach einer halben Stunde die Auberginen waschen und abtrocknen.
Öl erhitzen und die Auberginen darin goldbraun braten.
Das Öl abtropfen lassen und die Auberginen in einen tiefen Teller legen.

**Dressing:**
Zitronensaft mit Knoblauch, Salz und Pfeffer gut vermischen.

Tomate in Scheiben schneiden und den Tellerrand damit dekorieren.
Das Dressing über die Auberginen gießen.
Mit Minzblättern garnieren.

**Auberginen**
Kleine Mengen Auberginen sind gut gegen Hämorrhoiden.
Der getrocknete und pulverisierte Auberginenstiel, in kleinen Mengen eingenommen, hilft noch intensiver gegen Hämorrhoiden.
Auberginen sind für Schwangere und Kinder nicht empfehlenswert.
Auberginen regen auch den Haarwuchs an.

## Auberginenpüree

*mtabbal*

Für 3-4 Personen
Zubereitungszeit: 20 Min./Garzeit: 40 Min.

1 kg Auberginen
2 gepreßte Knoblauchzehen
Salz, Pfeffer
½ Tasse Olivenöl

Auberginen waschen, schälen, in kleine Würfel schneiden.
Auberginen im Dämpfeinsatz dämpfen (etwa 30 Minuten).
Öl in einer Pfanne erhitzen.
Auberginen, Knoblauch, Pfeffer sowie 1 Prise Salz dazugeben und unter ständigem Rühren die Auberginen ganz weich braten.
Mit getoastetem Brot servieren.

*Um Kochen lebendig zu machen,*
*geben wir von unserer Lebenskraft.*
*Tust du es bereitwillig, dann kostet es keine Mühe.*

# Gebratener Blumenkohl/Karfiol

*arnabit ma'li*

Für 4-5 Personen
Zubereitungszeit: 20 Min./Garzeit: 20 Min.

- 1 Blumenkohl/Karfiol
- Saft einer Zitrone
- 2 gepreßte Knoblauchzehen
- 4 El Sesampaste *tahine*
- Pinienkerne oder Mandelsplitter
- Öl

Blumenkohl waschen und in kleine Rosetten aufbrechen.
Öl zum Braten erhitzen und den Blumenkohl darin braten, bis er weich bzw. zartbraun wird. Im Sieb abtropfen lassen und auf Küchenpapier legen.

**Dressing:**
Knoblauch mit Zitronensaft, etwas Öl und *tahine* gut vermengen.
Die Pinienkerne bzw. Mandelsplitter in etwas Öl hellbraun anrösten und den Blumenkohl damit dekorieren.
Blumenkohl in einen tiefen Teller geben und das Dressing darüber gießen.

Blumenkohl enthält die Vitamine A und E sowie viel Vitamin C.

### Sesam

2 Eßlöffel Sesampaste beinhalten so viel Proteine wie ein großes Steak. Sesam verhilft zu einem starken und kräftigen Körperbau. Die Sesampaste *tahine* ist leicht verdaulich und gelangt in weniger als 15 Minuten in den Blutkreislauf.

## Blumenkohl mit Sesampaste

*arnabit bi-thine*

Für 4-5 Personen
Zubereitungszeit: 20 Min./Garzeit: 10 Min.

1 Blumenkohl
Salz
2 gepreßte Knoblauchzehen
½ Tasse Sesampaste *tahine*
½ Tasse Zitronensaft
¼ Tasse Wasser

Blumenkohl waschen und in kleine Rosetten aufbrechen.
Wasser mit etwas Salz zum Kochen bringen und die Blumenkohlrosetten 10 Minuten lang darin kochen, bis sie weich, aber noch knackig sind.
Im Sieb abtropfen lassen und in eine Schüssel geben.

**Dressing:**
Knoblauch mit ½ Teelöffel Salz vermischen.
Die Sesampaste nach und nach dazugeben und gut vermischen.
Abwechselnd Wasser und Zitronensaft hinzugießen.
Wasser verdickt die Paste, Zitronensaft verdünnt sie.
Abschmecken und eventuell noch etwas Salz beifügen.

*Nimm Dir genug Zeit, um kreativ zu sein.*

## Blumenkohl mit Koriander

*arnabit maʿ kuzbara*

Für 4-6 Personen
Zubereitungszeit: 20 Min./Garzeit: 10 Min.

- 1 Blumenkohl
- 1 Bund frischer Koriander
- 3 gepreßte Knoblauchzehen
- Saft einer Zitrone
- Pflanzenöl
- Salz, Pfeffer

Blumenkohl waschen und in kleine Rosetten aufbrechen.
Öl erhitzen und den Blumenkohl darin braten, bis er weich bzw. zartbraun wird. Im Sieb abtropfen lassen und auf Küchenpapier legen.
Koriander kleinschneiden, mit Knoblauch, Salz und Pfeffer vermengen.
Blumenkohl in einen Topf geben, Koriander sowie 1 Tasse Wasser dazugeben und 10 Minuten lang köcheln lassen.
In einer Schüssel anrichten und Zitronensaft darüber gießen.

*Gönne Dir das Kochen als Zeit der Stille,
in der du die Verbindung zur inneren Führung aufnimmst.
Die Gedanken und die Einstellung beim Vorbereiten
der Nahrung sind das halbe Kochen!*

# Grüne Bohnen/Fisolen in Öl

*lubyeh ib-zet*

Für 4-6 Personen
Zubereitungszeit: 20 Min./Garzeit: 40 Min.

1 kg grüne Bohnen/Fisolen
3 Zwiebeln
4 gepreßte Knoblauchzehen
½ Tasse Olivenöl
1½ kg reife Tomaten
2 El Salz
¼ Tl Zimt
1 Prise Gewürznelken

Grüne Bohnen waschen, abtropfen lassen, Enden und eventuelle Fäden entfernen, halbieren.
Zwiebeln schälen und kleinschneiden.
Tomaten schälen und kleinschneiden.
Öl in einem Topf erhitzen, Zwiebeln und Knoblauch darin leicht anbräunen.
Gewürze und die grünen Bohnen hinzufügen und gut vermischen.
Tomaten dazugeben und zum Kochen bringen.
Auf kleiner Flamme etwa ½ Stunde lang köcheln lassen, bis die grünen Bohnen gar sind.
In eine Schüssel geben.
Kann kalt oder warm gegessen werden.

**Anmerkung:**
Es können auch tiefgekühlte grüne Bohnen und geschälte Tomaten aus der Dose verwendet werden.

*Wenn es wächst, iß viel davon (Gemüse, Nüsse ... ),*
*wenn es nicht wächst, wenig (Kuchen, Cola ...).*

# Grüne Bohnen in Koriander

*lubyeh ib-kuzbara*

Für 4-5 Personen
Zubereitungszeit: 20 Min./Garzeit: 40 Min.

1 kg grüne Bohnen
2 Bund frischer oder 2 El getrockneter Koriander
3 gepreßte Knoblauchzehen
5 El Olivenöl
Salz
1 Tomate

Grüne Bohnen waschen, abtropfen lassen, Enden und eventuelle Fäden entfernen, halbieren. Öl in einem Topf erhitzen, die grünen Bohnen dazugeben und auf kleiner Flamme 10 Minuten lang umrühren, bis sie beginnen, etwas weich zu werden.
Die grünen Bohnen mit Wasser bedecken, den Topf zudecken und zum Kochen bringen.
Danach Deckel abnehmen und die grünen Bohnen auf kleiner Flamme köcheln lassen, bis das ganze Wasser verdampft ist.
Den frischen Koriander waschen und grob schneiden.
Koriander mit Salz und 1 Eßlöffel Öl zu den grünen Bohnen geben, gut vermischen und einige Minuten lang umrühren. Zuletzt kommt der Knoblauch dazu. Nochmals alles vermischen.
Grüne Bohnen in eine flache Schale geben und den Rand mit Tomatenscheiben garnieren.

*Die wichtigste Arbeit, die du je leisten kannst,*
*ist die Arbeit an dir selbst.*
*Jede Beschäftigung, der du dich hingibst,*
*kann diesen Zweck erfüllen.*

# Grüne Bohnen mit Burghul

*madfunit lubyeh*

Für 4-5 Personen
Zubereitungszeit: 20 Min./Garzeit: 45 Min.

500 g grüne Bohnen
2 Zwiebeln
1 Tasse grober Burghul (geschälter, halbgar gedämpfter, getrockneter und geschroteter Weizen; siehe Kapitel „Bauer Burghul und seine Verbündeten")
4 El Olivenöl
Radieschen

Grüne Bohnen waschen, abtropfen lassen, Enden und eventuelle Fäden entfernen, in vier Teile schneiden.
Zwiebeln schälen und fein schneiden.
Burghul in eine Schüssel geben und mit lauwarmem Wasser bedecken.
Öl in einem Topf erhitzen und die Zwiebeln darin goldbraun rösten.
Die grünen Bohnen dazugeben, vermengen, Topf zudecken und auf kleiner Flamme 20 Minuten lang köcheln lassen. Wenn nötig, etwas Wasser hinzufügen. Immer wieder umrühren.
3½ Tassen Wasser zum Kochen bringen.
Mit den Händen das Wasser aus dem Burghul herausdrücken, den Burghul mit den grünen Bohnen vermengen und das kochende Wasser hineingießen.
Salzen und pfeffern und auf kleiner Flamme etwa 20-25 Minuten lang köcheln lassen.
Den Topf vom Feuer nehmen, zwischen Topf und Deckel ein Tuch geben und 10 Minuten lang ziehen lassen.
Auf einer Platte anrichten und mit Radieschen garnieren.

*Siehst du in der Kartoffel die Einheit,
dann lächle, denn du hast verstanden.*

# Kartoffeln/Erdäpfel mit Koriander

*mfarket batata ib-kuzbara*

Für 4-5 Personen
Zubereitungszeit: 20 Min./Garzeit: 20 Min.

- 1 kg Kartoffeln/Erdäpfel
- Saft einer Zitrone
- 2 Bund frischer Koriander
- 3 gepreßte Knoblauchzehen
- 2 Tassen Pflanzenöl oder Olivenöl
- Salz
- Oliven

Kartoffeln waschen, schälen und in ganz kleine Würfel schneiden.
Öl erhitzen und die Kartoffelwürfel zartbraun anbraten.
Herausnehmen, das Öl abtropfen lassen und die Kartoffelwürfel auf Küchenpapier legen.
Koriander fein schneiden, waschen und abtropfen lassen.
Gepreßte Knoblauchzehen mit Salz vermengen.
Koriander im vorher für die Kartoffeln verwendeten Öl 3 Minuten lang umrühren.
Kartoffeln dazugeben, alles gut vermischen und in eine Schüssel geben.
Zitronensaft darüber gießen und mit Oliven garnieren.

**Beckenbodenmuskelübung für zwischendurch**

Die Stärkung des Beckenbodenmuskels schützt vor Gebärmuttersenkungen nach der Geburt, energetisiert den Körper und schützt vor ungewolltem Wasserlassen.

Am besten läßt sich diese Übung auf der Toilette ausführen. Später, wenn man den Beckenbodenmuskel schon gut spürt, kann man sie auch „auf dem Trockenen" durchführen.

Unterbrich mit dem Schließmuskel immer wieder den Urinstrahl. Halte die Spannung des Muskels an und laß wieder los. Übe solange, wie du Wasser lassen kannst.

*Zusätzliche Variante zur Stärkung des Beckenbodenmuskels:* Drücke den Strahl besonders stark heraus. Halte an und wiederhole es noch einmal.

Man kann auch beide Varianten kombinieren.

## Kartoffeln mit Ei

*batata ma<sup>c</sup> bed*

Für 2-3 Personen

Zubereitungszeit: 15 Min./Garzeit: 15 Min.

4 mittelgroße Kartoffeln
2 Eier
Salz
3 Tassen Öl
Petersilie

Kartoffeln schälen und in ganz kleine Würfel schneiden.

In einer tiefen Pfanne Öl erhitzen und die Kartoffeln darin braten, bis sie weich und zartbraun werden. Immer wieder umrühren.

Entweder das übriggebliebene Öl entfernen oder die garen Kartoffeln in eine andere Pfanne geben.

Zwei Eier hineinschlagen und gut mit den Kartoffeln vermischen.

Durch die Hitze der Kartoffeln werden die Eier gar.

In einen tiefen Teller geben, salzen und mit gehackter Petersilie garnieren.

Mit Hilfe von Kartoffeln läßt sich angelaufenes Silber leicht reinigen. Lege das Silber in Wasser, in dem Kartoffeln gekocht wurden, und bringe das Wasser zum Kochen. Die schwarze Schicht, die das Silber bedeckt, wird sich nun leicht lösen.

## Kartoffeln mit Kichererbsen

*batata ib-dammu*

Für 5-7 Personen

Zubereitungszeit: 30 Min./Garzeit: 25 Min. + etwa 1½ Std. für die Kichererbsen

Kichererbsen über Nacht in Wasser einlegen und danach kochen

- 4 mittelgroße Kartoffeln
- 3 reife Tomaten
- 220 g Kichererbsen
- 3 Knoblauchzehen
- 5 El Olivenöl
- Petersilie
- je 1½ Tl Salz, Pfeffer, Zitronensaft

Kichererbsen wie gewohnt zubereiten (siehe Zubereitung von Kichererbsen).
Nicht schälen!
Kartoffeln weich kochen, schälen und in kleine Würfel schneiden.
Zwiebeln schälen und schneiden.
Knoblauch fein zerhacken.
Öl in einem Topf erhitzen, Zwiebeln und Knoblauch glasig rösten.
Die Tomaten dazugeben und mehrmals umrühren.
Danach die Kicherebsen, die Kartoffeln und ¼ Liter Wasser hinzufügen.
20 Minuten lang zugedeckt köcheln lassen.
Mit Petersilie garniert in einer Schüssel servieren.

**Walnüsse**
Walnüsse sind zwar schwer zu verdauen, doch gemeinsam mit Rosinen ein sehr wirksames Heilmittel gegen den Winterhusten.

## Kartoffelkibbe

*kibbet batata*

Für 4-6 Personen
Zubereitungszeit: 30 Min./Garzeit: 20 Min.

500 g Kartoffeln
1 Tasse Burghul
½ Tasse Mehl
1 mittlere Zwiebel
1 Bund frische Minze oder 1 Bund frischer Koriander (einige Blätter zum Garnieren zur Seite legen!)
1 Tl Salz
½ Tl Zimt
½ Tl Pfeffer
1 Prise Cayennepfeffer

**Füllung:**
½ Tasse gehackte Walnüsse
3 fein geschnittene Zwiebeln
Salz
¼ Tl Kardamom
2 El Butter bzw. Öl

Kartoffeln waschen, ganz weich kochen, abkühlen lassen und in der Küchenmaschine pürieren.
Burghul 15-20 Minuten lang in Wasser einlegen, anschließend das Wasser herausdrücken und mit dem Kartoffelpüree vermischen.
Zwiebel und Minze bzw. Koriander ganz fein zerhacken und mit dem Kartoffelpüree vermengen.
Mehl und Gewürze hinzufügen, zu einem weichen Teig kneten.
Wenn nötig, einige Tropfen Wasser dazugeben.
Eine Form mit Öl bzw. Butter einfetten.
Die Hälfte des Teiges in der Form verteilen.

**Füllung:**
Butter bzw. Öl erhitzen.
Die zerhackten Walnüsse mit den geschnittenen Zwiebeln und Gewürzen darin rösten, bis sie weich werden.
Etwas abkühlen lassen.
Die Füllung über dem Kartoffelpüree verteilen und mit der anderen Hälfte des Kartoffelpürees zudecken.
Mit Minz- bzw. Korianderblättern garnieren.

**Vorschlag:**
Mit den Fingern einige Löcher in das Püree drücken und mit Olivenöl füllen.

**Milch**

Der Mensch sollte nur die Milch jener Tiere trinken, deren Schwangerschaft nicht länger dauert als die menschliche.

Der Prophet Muhammad sagte: „Trinke Milch, denn dies wischt die Hitze vom Herzen weg, so wie die Hand den Schweiß von der Stirn wegwischt. Es kräftigt den Rücken, fördert die Intelligenz und schützt vor Vergeßlichkeit."

Wer Fieber hat, sollte allerdings keine Milch trinken.

# Gebackener Kartoffelkuchen

*batata bis-siniyye*

Für 5-6 Personen
Zubereitungszeit: 50 Min./Garzeit: 20 Min.

- 3 kg Kartoffeln
- ¾ Tasse gemahlenes Brot (Brösel)
- 2½ Tassen Milch
- ¼ Tasse Butter oder Öl

**Füllung:**

- 4 Zwiebeln
- ¼ Tasse Pinienkerne
- ½ El *bhar* (Zimt-Muskatnuß-Gewürznelken-Mischung)
- 1 El Salz
- ½ Tl Pfeffer
- ¼ Tasse Butter oder Öl

Kartoffeln ganz weich kochen, schälen, abkühlen lassen, mit der Küchenmaschine pürieren, herausnehmen, mit der Milch und ein wenig Salz zu einem Teig kneten.

Backform (etwa 40 cm Durchmesser) mit der Butter bzw. dem Öl einfetten.

Die Hälfte des gemahlenen Brotes (Brösel) auf dem Boden der Backform verteilen.

Hände mit Wasser befeuchten und die Hälfte des Kartoffelteiges (2 cm hoch) in der Backform verteilen. Fest daraufdrücken, damit sich der Teig gut bindet.

**Füllung:**

Zwiebeln schälen und fein schneiden.

Butter bzw. Öl in einer Pfanne erhitzen.

Zwiebeln darin goldbraun rösten.

Herausnehmen.

Pinienkerne im selben Öl hellbraun rösten.

Zwiebeln und Gewürze dazugeben und mit den Pinienkernen gut vermischen.

Die Füllung auf dem Kartoffelteig verteilen.
Den Rest des Kartoffelteiges über der Füllung ausbreiten, bis sie ganz zugedeckt ist.
Die Oberfläche mit etwas Milch bestreichen und mit der Hand glätten.
Den Rest des gemahlenen Brotes auf der Oberfläche verteilen.
Die Backform in den Ofen geben und 20 Minuten lang backen.
Warm servieren.

# Kartoffeln in Sesamsauce

*batata bit-thine*

Für 2-3 Personen

Zubereitungszeit: 10 Min./Garzeit: 25 Min.

- 3 mittelgroße Kartoffeln
- ½ Tasse Sesampaste *tahine*
- 2 Tassen Zitronensaft
- 1 gepreßte Knoblauchzehe
- Salz
- Petersilie

Kartoffeln waschen, weich kochen, schälen und in Würfel schneiden.

Währenddessen die Sesampaste mit Zitronensaft und Knoblauch cremig vermischen.

Wenn nötig, 1-2 Eßlöffel Wasser dazugeben.

Kartoffeln in eine Schüssel geben und die *tahine*-Sauce darüber gießen.

Mit feingehackter Petersilie garnieren.

*Lachen ist das Salz des Lebens.*
*Und wer gut gesalzen ist, bleibt länger jung.*
arabische Lebensweisheit

# Gefüllte Mangoldblätter

*mahschi lsan*

Für 4-6 Personen
Zubereitungszeit: 1 Std. 30 Min./Garzeit: 40 Min.

1 kg Mangold
Saft von 2 Zitronen
4 El Olivenöl
Salz

**Füllung:**
1 Tasse Reis
1 Bund Petersilie
½ Bund frische Minze
½ Bund Schnittlauch
1 Zwiebel
Saft von ½ Zitrone
Olivenöl
1 Tl *bhar* (Zimt-Muskatnuß-Gewürznelken-Mischung)
½ Tl roter Paprika
1 Prise Cayennepfeffer

**Füllung:**
Reis waschen, in Wasser einlegen und nach 15 Minuten abtropfen lassen.
Kräuter waschen, abtrocknen, fein schneiden und zum Reis dazugeben.
Zwiebel in kleine Stücke schneiden und mit dem Reis vermengen.
Zitronensaft und Olivenöl dazugießen.
Gewürze dazugeben und alles gut vermischen.

Mangold waschen und Stiele entfernen (nicht wegwerfen).
Wasser zum Kochen bringen und Mangold darin blanchieren, bis er weich wird (etwa 2 Minuten).
Mangold mit der glänzenden Seite nach unten auf einem Schneidebrett ausbreiten.
Etwa 1 Eßlöffel der Füllung auf das Blatt legen und gleichmäßig bis fast zu den Seiten verteilen (1 cm vorher aufhören).
Das Blatt einrollen und dabei die Seiten einschlagen.
Den Boden eines Topfes mit den Stielen auslegen.
Die eingerollten Mangoldblätter dicht nebeneinander hineinschlichten.
Zitronensaft darüber gießen und mit etwas Olivenöl beträufeln.

Einen umgedrehten Teller in den Topf legen und den Topf mit Wasser füllen (der Teller soll ebenfalls bedeckt sein).
Mit einem Kochlöffel alles fest zusammendrük-ken.
Aufkochen und auf kleiner Flamme etwa 25 Minuten lang köcheln lassen bzw. bis alles gar ist.
Die Mangoldblätter vorsichtig herausnehmen und auf einer Platte anrichten.
Den Rand der Platte mit Zitronenscheiben garnieren.

**Olivenöl**

Schützt vor Diabetes und löst Gallensteine auf.

2 Teelöffel Olivenöl mit etwas Zitronensaft vermengen, am Morgen sowie am Abend vor dem Schlafengehen trinken.

Kleinkinder damit einzureiben, kräftigt ihren Körper.

*Gegen Rheumatismus:* Eine gepreßte Knoblauchzehe 3 Tage lang in 200 g Olivenöl einlegen und die betroffenen Glieder damit mehrmals einmassieren.

*Olivenölmaske:* 1 Teelöffel Olivenöl mit einem Eigelb und einigen Tropfen Zitronensaft vermengen. Die Mischung auf Gesicht und Hals verteilen und nach 20 Minuten mit lauwarmem Wasser entfernen. Das glättet die Haut und schützt sie vor dem Austrocknen.

*Gegen Haarausfall:* Olivenöl in die Kopfhaut einmassieren und über Nacht einwirken lassen. Am Morgen auswaschen.

## Mangold in Olivenöl

*lsan ib-zet*

Für 3-4 Personen

Zubereitungszeit: 15 Min./Garzeit: 20 Min.

- 1 kg Mangold
- 1 Zwiebel
- ¼ Tasse Olivenöl
- Saft einer Zitrone
- 1-2 gepreßte Knoblauchzehen
- Salz, Pfeffer
- 1 Prise Cayennepfeffer
- 1 Prise Kardamom
- gehackte Walnüsse

Mangold waschen, Stiele entfernen, abtropfen und kleinschneiden.

Olivenöl in einen Topf geben.

Zwiebel fein schneiden und gemeinsam mit dem Knoblauch im Topf goldbraun rösten.

Mangold und Gewürze dazugeben.

Auf kleiner Flamme zugedeckt köcheln lassen, bis der ganze Saft verdampft ist.

Immer wieder umrühren.

Mangold in eine Schüssel geben, mit Zitronensaft beträufeln und mit gehackten Walnüssen garnieren.

**Olivenernte**

Die Olivenernte beginnt im Oktober, groß und klein beteiligt sich daran. Frühmorgens, gleich nach Sonnenaufgang, zieht die ganze Familie – oft mit Nachbarn und Freunden – zu den Olivenhainen.

Ein großes Tuch wird unter dem Baum ausgebreitet. Dann pflückt man entweder die einzelnen Oliven mit der Hand – die schonendste Art – oder schlägt mit Stöcken auf die Zweige, bis die reifen Oliven auf das Tuch fallen. Die Oliven werden von den Frauen und Kindern in einem großen Behälter gesammelt und zur Presse getragen. Das Olivenöl kommt in Kanister; die zerstampften Kerne, *jift*, werden als Brennstoff verwendet. Das beste Olivenöl, nämlich jenes, das sofort nach der Ernte gepreßt wird, heißt *min ish-shajar illa l-hajar*, „vom Baum zum Stein".

Das Olivenpflücken dauert mehrere Tage, und die Familien verbringen den ganzen Tag in den Hainen. Am Lagerfeuer wird frisches Brot gebacken, Schafskäse gegessen, dazu Tee getrunken, und natürlich werden Volkslieder gesungen.

# Okra in Öl und Tomatensauce

*bamjeh ib-zet*

Für 6-7 Personen

Zubereitungszeit: 40 Min./Garzeit: 35 Min.

- 1 kg Okra
- 1 kg reife oder 2 Dosen geschälte Tomaten
- 4 Zwiebeln
- 6 Knoblauchzehen
- ½ Tasse Olivenöl
- ¼ Tasse Zitronensaft
- Salz, Pfeffer
- grüner Paprika

Die Stiele der Okra entfernen (köpfen), Okra waschen und abtropfen lassen.
Olivenöl in einen Topf geben und erhitzen.
Die Okras nacheinander kurz darin braten, bis sie zartbraun werden.*
Herausnehmen und auf Küchenpapier legen.
Tomaten in Würfel schneiden.
Zwiebeln schälen und in Halbmonde schneiden.
Knoblauch schälen und in Scheibchen schneiden.
Zwiebeln und Knoblauch im Olivenöl zartbraun rösten.
Okras, Tomaten, Salz, Pfeffer und Zitronensaft dazugeben und gut vermischen.
½ Tasse Wasser dazugießen, aufkochen und etwa 30 Minuten lang auf kleiner Flamme köcheln lassen, bis das Gericht gar ist.
In einer Schüssel anrichten und mit Paprikascheiben garnieren.
Kann warm oder kalt serviert werden.

* Falls Okra aus der Dose verwendet wird, nicht braten.

*Wenn du meine Fehler siehst, vergib sie mir.*
*Ist das nicht eine Pflicht der Schwesterlichkeit?*
*Gib, ohne gebeten zu sein,*
*denn die Großzügige möchte nicht*
*den Schmerz des Bittens geben.*
*Lege schlechte Gewohnheiten ab und erwirb dir gute,*
*damit du dir einen edlen Charakter bildest.*

## Okra mit Kichererbsen

*bamjeh maʿ hummus*

Für 3-4 Personen
Zubereitungszeit: 15 Min./Garzeit: 1 Std.
Kichererbsen über Nacht in Wasser einlegen

500 g Okra
250 g Kichererbsen
8 kleine Zwiebeln
2 gepreßte Knoblauchzehen
2 El Zitronensaft
¼ Tasse Olivenöl
6 reife oder 1½ Dosen geschälte Tomaten
Salz, Pfeffer

Die Stiele der Okra entfernen (köpfen), Okra waschen und abtropfen lassen.
Tomaten in Würfel schneiden.
Zwiebeln schälen und ganz lassen.
Olivenöl in einen Topf geben und erhitzen.
Zwiebeln und Knoblauch darin goldbraun rösten.
Kichererbsen, Tomaten, Zitronensaft, Salz und Pfeffer sowie Wasser dazugeben.
40 Minuten lang köcheln lassen.
Die Okraschoten hinzufügen und weitere 20 Minuten köcheln lassen.
Mit Reis servieren.

*Liebe deinen Bauch, lebe in deinem Bauch,*
*genieße ihn, und du wirst sehen,*
*wie er strahlend zurücklächelt.*
*Denn im Bauch liegt das zweite Gehirn.*
*Verzichte nicht darauf!*

# Grüner Paprika mit Tomaten

*schakschuka bi-filfil achdar*

Für 5-6 Personen
Zubereitungszeit: 15 Min./Garzeit: 25 Min.

- 3 grüne Paprika
- ½ kg reife Tomaten
- 3 El getrockneter Koriander
- ½ Tl Salz
- 3 El Olivenöl oder Pflanzenöl
- 2 gepreßte Knoblauchzehen

Paprika waschen und in kleine Stücke schneiden.
Öl erhitzen und Paprika darin auf kleiner Flamme braten.
Die Tomaten fein schneiden.
Knoblauch mit Salz und Koriander vermischen.
Tomaten zu den Paprika dazugeben und köcheln lassen.
Knoblauch-Koriander-Mischung dazugeben, gut umrühren und weitere 3 Minuten köcheln lassen.

# Gefüllte Paprika

*filfil mahschi*

Für 5-6 Personen

Zubereitungszeit: 30 Min./Garzeit: 2 Std.

- 1 kg grüner Paprika
- 2 mittelgroße Zwiebeln
- 3 große Tomaten
- 2 Bund Petersilie
- ½ Tasse Reis
- 1 El Salz
- ½ Tasse Olivenöl
- Saft von 3 Zitronen
- ½ Tl Pfeffer

Paprika waschen, mit einem scharfen Messer den Stiel samt dem Kerngehäuse herausschneiden.

Zwiebeln schälen, fein schneiden, mit Salz und Pfeffer vermischen.

Tomaten und Petersilie ganz fein schneiden.

Den Reis waschen und mit den Zwiebeln, Tomaten und der Petersilie gut vermischen.

Olivenöl und Zitronensaft dazugeben, vermengen und zur Seite stellen.

Die Paprika mit den Handflächen auf der Arbeitsfläche hin und her rollen, damit sie weich werden und leichter zu füllen sind.

Die Paprika zu drei Vierteln mit der Reismischung füllen.

Einen Paprika in Scheiben schneiden und den Boden eines Topfes damit auslegen.

Die Paprika in den Topf schlichten, den übriggebliebenen Saft der Mischung hineingießen und 1½ Tassen Wasser hinzufügen.

Einen umgedrehten Teller auf die Paprika legen und mit einem Kochlöffel fest daraufdrükken.

Den Topf aufs Feuer stellen, den Inhalt zum Kochen bringen, dann auf kleiner Flamme etwa 2 Stunden lang zugedeckt köcheln lassen bzw. bis die Paprika gar sind.

Die Paprika vom Feuer nehmen, etwas abkühlen lassen.

In einer Schüssel anrichten und servieren.

**Zwiebeln**
Zwiebeln sind gut, doch zuviel Zwiebeln verursachen Vergeßlichkeit und Kopfschmerzen.

# Spinat mit Zwiebeln

*sabanigh m'alla*

Für 4-5 Personen
Zubereitungszeit: 20 Min./Garzeit: 25 Min.

1 kg Spinat
3 Zwiebeln
¼ Tasse Olivenöl

**Sauce:**
Saft einer Zitrone
¼ Tasse Olivenöl
3 gepreßte Knoblauchzehen
Salz

Spinat waschen und schneiden.
1½ Liter Wasser zum Kochen bringen und den Spinat darin 10-15 Minuten lang kochen.
Spinat herausnehmen und das Wasser mit den Händen herausdrücken.
Zwiebeln schälen und fein schneiden.
Das Öl erhitzen und die Zwiebeln darin goldbraun rösten.
Spinat dazugeben, gut umrühren und kurz köcheln lassen.

**Sauce:**
Zitronensaft mit Knoblauch, Salz und Olivenöl gut vermengen.

Spinat in einer Schüssel anrichten und Sauce darüber gießen.

**Spinat**

Hoher Gehalt an Kalzium, Eisen und Vitamin C.
Spinat ist am besten, wenn er jung und frisch ist.
Er sollte immer im eigenen Saft gekocht werden.

*„tili' minha mithil ish-sha'ra min il-agini"*

Er kam aus der Sache heraus wie das Haar aus dem Teig.

arabisches Sprichwort

Dieses Sprichwort bezieht sich auf jemanden, der aus einer schwierigen Situation ohne Schaden herauskommt.

# Spinat-Fatayer

*fatayer bis-sabanigh*

Für 20 Personen
Zubereitungszeit: 1 Std. 30 Min./Garzeit: 20 Min.

6 Tassen Mehl
1 Tasse Milch
1 Tasse Pflanzenöl
1 Tl Trockenhefe
½ Tl Salz
eine kleine Schüssel Wasser, um die Hände naß zu machen

**Füllung:**
2 kg Spinat
4 große Zwiebeln
⅓ Tasse Zitronensaft
½ Tasse Olivenöl
½ Tasse Pinienkerne oder gemahlene Walnüsse
1-2 El Salz
1 Prise Muskatnuß
¼ Tl Pfeffer

Die Hefe in etwas Wasser auflösen und zur Seite stellen.
Das Mehl mit dem Salz gut vermengen.
Die Milch mit der Hefe vermischen.
In der Mitte des Teiges eine Mulde formen.
Das Pflanzenöl mit der Milch in die vorgeformte Mulde gießen, alles gut vermischen und zu einem Teig kneten.
Den Teig 20 Minuten lang kneten und, wenn nötig, die Hände immer wieder naß machen.
Der Teig soll zu einem festen Ball geformt werden und nicht mehr an der Arbeitsfläche kleben.
Die Oberfläche des Teiges mit etwas Öl bestreichen.
In eine Schüssel geben, mit einem feuchten Tuch bedecken und ruhen lassen, bis der Teig etwa doppeltes Volumen erreicht hat (etwa 1-2 Stunden).

**Füllung:**

Währenddessen wird der Spinat gut gewaschen und ganz fein geschnitten.

Zwiebeln schneiden und ganz fein hacken.

Olivenöl in einer tiefen Pfanne erhitzen und die Zwiebeln darin glasig rösten. Spinat dazugeben und weitere 5 Minuten unter ständigem Umrühren braten.

Salz, 1 Prise Muskatnuß, Pfeffer, ganze Pinienkerne bzw. gemahlene Walnüsse sowie Zitronensaft dazugeben und 5 Minuten lang köcheln lassen, bis die Flüssigkeit verdampft ist.

Die Mischung kosten und eventuell etwas Salz hinzufügen.

Abkühlen lassen.

Den Teig noch einmal etwa 2 Minuten lang kneten und in hühnereigroße Bällchen teilen.

Die Bällchen mit einem Tuch zudecken, damit sie nicht austrocknen.

Etwas Mehl auf die Arbeitsfläche streuen, Bällchen nehmen und flachdrücken, bis sie etwa ½ cm hoch sind.

Den Backofen vorheizen.

In die Mitte der flachgedrückten Bällchen 2 gefüllte Teelöffel der Spinatmischung legen.

Die Seiten übereinander falten, um ein Dreieck zu formen. Die Ecken fest zusammendrükken, damit sie beim Backen nicht aufspringen.

Die Spinattäschchen auf eine eingefettete Backfläche legen und bei 350 Grad etwa 20 Minuten lang backen.

Die Spinattäschchen auf einer mit Zitronenscheiben dekorierten Platte anrichten.

Die Menge reicht für etwa 70 kleine Spinattäschchen.*

Kann warm oder kalt gegessen werden.

---

* Die Spinattäschchen können im Gefrierfach aufbewahrt und bei Bedarf (überraschender Besuch, plötzlicher Hunger) herausgeholt und aufgewärmt werden.

**Vorschlag:**
Die Spinattäschchen können auch in Öl gebraten werden.
Öl in einem Topf erhitzen und die Spinattäschchen auf beiden Seiten goldbraun braten.

*Pflege in geistigen Dingen Umgang mit denen, die höher sind als du, und in weltlichen Dingen mit denen, die weniger gesegnet sind als du.*

orientalische Weisheit

# Spinat in Joghurt

*fattet sabanigh*

Für 4 Personen
Zubereitungszeit: 20 Min./Garzeit: 20 Min.

- 1 kg Spinat
- 2 Zwiebeln
- 2 Becher Joghurt
- 2 gepreßte Knoblauchzehen
- 1 Tl getrocknete Minze oder Petersilie
- ½ Tasse Pinienkerne
- Salz, Pfeffer
- Pflanzenöl
- 1 arabisches Fladenbrot bzw. 2-3 Scheiben trockenes Weißbrot

Spinat waschen und Stiele abschneiden.
Zwiebeln schälen und in Scheiben schneiden.
Öl in einer Pfanne erhitzen und die Zwiebeln darin glasig rösten.
Spinat hinzufügen und etwas Salz dazugeben, damit der Spinat sich zusammenzieht und Wasser läßt.
Köcheln lassen, bis er gar ist.
Wenn nötig, etwas Wasser hinzufügen.

Joghurt in eine Schüssel geben, Minze bzw. Petersilie, Salz, Pfeffer und Knoblauch dazugeben. Gut vermischen.

Das Brot im Backrohr braun backen oder in einer Pfanne mit etwas Öl braun braten.
Auf Küchenpapier legen.
Anschließend in kleine Stücke brechen.

Pinienkerne in Öl goldbraun rösten.

Eine Schüssel mit der halben Brotmenge auslegen, den Spinat darauf verteilen und das Joghurt darüber gießen.
Den Rest des Brotes darüber streuen und mit den Pinienkernen garnieren.

*Hüte dich davor, die Vergangenheit zu bereuen,*
*laß sie bleiben und vergeude keine Worte darüber.*
*Du bist die Tochter des Moments,*
*du bist jung und hast die Zeit besiegt.*
*Laß das Jetzt nicht ungenutzt vergehen ...*

# Spinat mit Joghurt und Petersilie

*sabanigh ib-laban*

Für 5-6 Personen
Zubereitungszeit: 15 Min./Garzeit: 20 Min.

- 500 g Spinat
- 1 Zwiebel
- 2 gepreßte Knoblauchzehen
- ½ Bund Petersilie
- 2 Tl Salz
- ½ Tl Pfeffer
- 2 Becher Joghurt
- 5 El Olivenöl

Zwiebel schälen und kleinschneiden.
Petersilie fein zerhacken.
Öl in einer Pfanne erhitzen und die Zwiebel darin glasig rösten.
Knoblauch und Petersilie dazugeben, 1 Minute lang über dem Feuer umrühren.
Vom Feuer nehmen und abkühlen lassen.
Wasser in einem Topf zum Kochen bringen, den Spinat hineingeben und 3 Minuten lang kochen lassen.
Spinat in ein Sieb geben und kaltes Wasser darüber gießen.
Das Wasser mit den Händen herauspressen und anschließend den Spinat schneiden.
Joghurt in eine Schüssel gießen und umrühren.
Zwiebel-Petersilien-Mischung und Spinat sowie Salz und Pfeffer zum Joghurt dazugeben und gut vermengen.

*„Nimm den auf, der zu dir kommt, und laufe nicht denjenigen nach, die dir den Rücken kehren."*

arabische Lebensweisheit

# Gefüllte Weinblätter

*mahschi waraq 'inab*

Für 5-7 Personen
Zubereitungszeit: 1 Std. 30 Min./Garzeit: 1 Std. 30 Min.

500 g Weinblätter
4 Bund Petersilie
2 Zwiebeln
¾ Tasse Reis
½ Bund frische Minze oder Dill
3 große reife Tomaten
1 Tasse Olivenöl
1 El Salz
Saft von 2 Zitronen
je ½ Tl Zimt, Paprika
1 Kartoffel

Den Reis mehrmals waschen.
Die Zwiebeln schälen, ganz klein schneiden und mit den Gewürzen vermischen.
Tomaten, Petersilie und Minze bzw. Dill fein schneiden.
Den Reis in eine Schüssel geben, Tomaten, Petersilie, Minze, Zitronensaft und Olivenöl dazugeben und alles gut vermengen.
Die Kartoffel in Scheiben schneiden und den Boden eines großen Topfes damit auslegen.
Wasser zum Kochen bringen.
Währenddessen die Stiele von den Weinblättern entfernen.
Weinblätter im siedenden Wasser ½ Minute lang blanchieren.
Weinblätter auf dem Schneidebrett ausbreiten (die glänzende Seite nach unten).
Etwa 1 Teelöffel der Füllung (je nach Blattgröße) in die Mitte des Blattes legen und gleichmäßig verteilen.
Das Blatt fest zusammenrollen, dabei die Ränder einschlagen.
Die Weinblätter im Topf auf die Kartoffelscheiben schlichten.
Wenn alle Blätter gefüllt sind, den Saft der Füllung dazugießen und die Blätter mit Wasser bedecken.

Einen umgedrehten Teller daraufdrücken und das Wasser zum Kochen bringen. Dann auf kleiner Flamme 1½ Stunden köcheln lassen bzw. bis die Blätter gar sind.
Nach einer Stunde nachsehen und ein Weinblatt kosten.
Wenn nötig, etwas Wasser nachgießen.
Den Topf vom Feuer nehmen, den Teller entfernen und ein Tablett über den Topf legen.
Den Topf umdrehen, sodaß die Weinblätter auf dem Tablett landen.
Ein wenig ruhen lassen, dann den Topf hochheben.
Mit kleingehackten Tomaten garnieren.
Kann warm und kalt serviert werden.

**Bemerkung:**
Dieses Gericht schmeckt besonders gut, wenn man junge, weiche Weinblätter dazu verwendet.

Statt frischen kann man auch in Salzwasser eingelegte Weinblätter verwenden. Sie sollten gut gewaschen werden, und man muß sie nicht mehr blanchieren.

# Gefüllte Weinblätter mit Burghul

*mahschi waraq ʿinab ib-burghul*

Für 5-7 Personen
Zubereitungszeit: 1 Std. 20 Min./Garzeit: 1 Std. 30 Min.

500 g Weinblätter
2 Becher Naturjoghurt
¼ Tasse Olivenöl

**Füllung:**
1 Tasse grober Burghul
1 Bund Petersilie
½ Bund frische Minze
1 Zwiebel
1 Tomate
Saft einer Zitrone
1 Tl Salz
je ½ Tl Pfeffer, Zimt, Paprika
¼ Tasse Olivenöl

Burghul in eine Schüssel geben und mit Wasser bedecken.
Petersilie und Minze fein schneiden.
Zwiebel schälen und ganz klein schneiden.
Tomaten waschen und in ganz kleine Würfel schneiden.
Das Wasser aus dem Burghul herausdrücken und den Burghul in eine Schüssel geben.
Petersilie, Minze, Zwiebel und Tomaten sowie Zitronensaft, Gewürze und Olivenöl hinzufügen.
Alles gut vermischen.
Die Stiele von den Weinblättern entfernen.
Weinblätter kurz in siedendem Wasser blanchieren.
Weinblätter auf einem Schneidebrett ausbreiten (mit der glänzenden Seite nach unten).
1 Teelöffel der Füllung hineinlegen und fest zusammenrollen, dabei die Ränder einschlagen.
Das Weinblatt vom Körper weg einrollen. Es soll etwa wie eine Zigarre aussehen.
Die Weinblätter in einem Topf Seite an Seite legen und weiter schlichten.
Einen umgedrehten Teller daraufdrücken und den Topf mit Wasser füllen.
¼ Tasse Olivenöl dazugießen.
Aufkochen und etwa 1½ Stunden köcheln lassen.
Joghurt in eine Schüssel geben und dazu servieren.

*Wenn Dinge und Menschen auf dich Einfluß haben,*
*wieso sollst du nicht auch Einfluß auf sie haben?*

# Gefüllter Weißkohl mit Burghul

*mahschi malfuf ib-burghul*

Für 4-6 Personen
Zubereitungszeit: 1 Std. 30 Min./Garzeit: 40 Min.

1 Weißkohl
Saft von 3 Zitronen
5 El Olivenöl
Salz

**Füllung:**
1½ Tassen grober Burghul
2 Zwiebeln
2 Bund Petersilie
½ Bund frische Minze
je ½ Tl Salz, Paprika, Zimt, Pfeffer
4 El Olivenöl

**Füllung:**
Burghul in Wasser einlegen (etwa 15 Minuten).
Zwiebeln, Petersilie und Schnittlauch ganz fein schneiden.
Das Wasser aus dem Burghul herausdrücken und mit den Zwiebeln, der Minze und der Petersilie sowie den Gewürzen und dem Olivenöl in einer Schüssel gut vermengen (die Hände sind dazu immer besser als ein Löffel).
Wasser zum Kochen bringen und die Kohlblätter darin blanchieren, bis sie weich werden (etwa 1-3 Minuten).
Die mittleren Blattrippen entfernen; so erhalten wir zwei separate Blätter.
Die Blattrippen in einen großen Topf legen.
Ein Kohlblatt auf dem Schneidebrett ausbreiten.
An den Rand des Blattes etwa 1 Eßlöffel der Füllung geben und bis fast zu den Seiten ausbreiten (1 cm vorher aufhören).
Das Blatt einrollen und dabei die Seiten einschlagen (das Kohlblatt immer vom Körper weg rollen).
Die gefüllten Blätter Seite an Seite in den Topf auf die Blattrippen schlichten.
Olivenöl und Zitronensaft darüber gießen.
Die Kohlblätter mit einem umgedrehten Teller hinunterdrücken und den Topf mit Wasser fül-

len, sodaß das Wasser auch den Teller bedeckt.
Aufkochen und etwa 40 Minuten auf kleiner Flamme köcheln lassen.
Kohlrolle mit einer Gabel durchstechen und nachsehen, ob sie schon gar ist.
Auf einer Platte anrichten und mit Zitronenscheiben garnieren.

**Vorschlag:**
Wenn keine frische Minze zu finden ist, Schnittlauch verwenden (1 Bund).

**Weißkohl**
Die Menschen essen Weißkohl seit Tausenden von Jahren. Der Saft des Weißkohls wird gegen Blutarmut verwendet, wenn die Ursache im unregelmäßigen Blutkreislauf und im Herzen begründet ist.
Weißkohl reinigt und stärkt die Hautporen und trägt somit zur schnellen Heilung von Wunden bei.

## Pikant gefüllter Weißkohl

*mahschi malfuf*

Für 6-7 Personen
Zubereitungszeit: 30 Min./Garzeit: 30 Min.

10 große Weißkohlblätter

**Füllung:**
6 Jungzwiebeln
2 gepreßte Knoblauchzehen
500 g Reis
½ Bund frische Petersilie
3 El Tomatenmark
120 g Rosinen
4 El Mandelblätter
1 Tl *bhar* (Zimt-Muskatnuß-Gewürznelken-Mischung)
½ Tl Salz

**Joghurtsauce:**
1 Becher Naturjoghurt
1 El feingehackte Minze
Salz, Pfeffer
1 Prise roter Paprika
gemahlene Walnüsse

Reis waschen und 15 Minuten in Wasser ruhen lassen. Dann abtropfen lassen.
Kohlblätter waschen, abtropfen lassen und in kochendem Wasser blanchieren, bis sie weich und biegsam werden (etwa 3 Minuten).
Zwiebeln und Petersilie fein schneiden.
Öl in einer großen Pfanne erhitzen, die Zwiebeln mit dem Knoblauch glasig rösten, Gewürze, Rosinen, Mandelblätter, Petersilie, Tomatenmark sowie Reis dazugeben und gut vermischen.
Vom Feuer nehmen und abkühlen lassen.
Ein Kohlblatt auf dem Schneidebrett ausbreiten.
An den Rand des Blattes etwa 3 Eßlöffel der Füllung geben und bis fast zu den Seiten ausbreiten (1 cm vorher aufhören).
Das Blatt einrollen und dabei die Seiten einschlagen (das Kohlblatt immer vom Körper weg rollen).
Die Kohlrouladen mit der offenen Seite nach unten in einen Topf geben.
Mit etwas Olivenöl beträufeln und mit Wasser bedecken.

Einen Teller umgedreht auf die Kohlrouladen legen, damit sie nicht auseinanderfallen.
Aufkochen und auf kleiner Flamme etwa 30 Minuten lang köcheln lassen.
Kohlroulade mit einer Gabel durchstechen und nachsehen, ob sie schon gar ist.

**Joghurtsauce:**
Joghurt in eine Schüssel geben, feingehackte Minze, Pfeffer, Salz und Paprika hinzufügen und gut vermischen.
Abschmecken und die Joghurtsauce mit gemahlenen Walnüssen garnieren.

Die Kohlrouladen auf einer Platte anrichten und mit der Joghurtsauce servieren.

*Maßvolles Essen fördert die Talente, erweckt das Genie, reinigt das Selbst und hält den Körper gesund.*

arabische Lebensweisheit

# Gefüllte Zucchini mit Tomaten

*mahschi kusa*

Für 5-6 Personen
Zubereitungszeit: 1 Std./Garzeit: 1 Std.

1 kg kleine Zucchini
1½ kg reife Tomaten oder
6 El Tomatenmark
1 Tl Salz
2 gepreßte Knoblauchzehen
1 El getrocknete Minze
1 El Mehl
1 große Tomate für den Boden des Topfes

**Füllung:**
1 Tasse Reis
2 Zwiebeln
1 Bund Petersilie
¼ Tasse Pflanzenöl
½ Tasse Pinienkerne
je ½ Tl Salz, Zimt, Pfeffer
*bhar* (Zimt-Muskatnuß-Gewürznelken-Mischung)

**Füllung:**
Den Reis waschen.
Öl in einer Pfanne erhitzen und Pinienkerne darin hellbraun rösten. Herausnehmen.
Zwiebeln fein schneiden und im selben Öl glasig rösten.
Gewürze dazugeben und vermischen.
Petersilie waschen und fein hacken.
Reis in eine Schüssel geben, Zwiebel, Petersilie und Pinienkerne hinzufügen und alles vermischen.

Zucchini waschen, den Stiel abschneiden (köpfen) und die Zucchini aushöhlen* (siehe Variante zum Aushöhlen).
(Die Füllung kann man für das Rezept „Inneres der Zucchini in Öl“ verwenden.)
Zucchini mit der Mischung zur Hälfte füllen.
Die große Tomate waschen, in Scheiben schneiden und den Boden des Topfes damit auslegen.
Die Zucchini in den Topf schlichten.
Tomaten schälen und in einer Küchenmaschine pürieren bzw. Tomatenmark verwenden.
Über die Zucchini gießen und 1½ Liter Wasser dazugeben.

* In türkischen oder anderen orientalischen Läden erhält man spezielle Aushöhlstäbe.

Auf mittlerer Flamme zum Kochen bringen.
Dann auf kleiner Flamme 1 Stunde lang köcheln lassen.
Das Mehl mit einem Eßlöffel Öl anbräunen.
Ein wenig Tomatensaft dazugeben und cremig rühren, dann in den Topf zu den Zucchini gießen.
Den Knoblauch mit der Minze vermischen und in den Topf geben.
3 Minuten lang köcheln lassen.
Warm servieren.

**Variante:**
Anstatt der Tomaten kann man 2 Becher Naturjoghurt verwenden.

**Variante zum Aushöhlen**
Falls es zu kompliziert ist, die Zucchini auszuhöhlen, gibt es eine vereinfachte Variante:
Zucchini streifenweise schälen (einen Streifen schälen, einen belassen). Das Resultat ist eine gestreifte Zucchini.
Zucchini mit Salz bestreuen und etwa 20 Minuten lang ruhen lassen, um ihr den Saft zu entziehen.
Zucchini in ein Sieb geben, abwaschen und mit einem Küchenpapier oder Tuch trocken tupfen.
In jede Zucchini einen Schlitz hineinschneiden, aber nicht durch die Frucht hindurch schneiden. Die Schlitze mit der Füllung füllen und die Zucchini, immer mit dem Schlitz nach oben, nebeneinander im Topf auflegen.

*Beschäftige dich mehr mit deinem inneren*
*als mit deinem äußeren Zustand.*
*Denn obwohl die Menschen mehr auf*
*deinen äußeren Zustand schauen mögen,*
*so ist es doch der innere,*
*der dich unsterblich macht.*

Zucchini beinhalten Vitamin B und C.

## Inneres der Zucchini in Öl

*lubb kusa biz-zet*

Für 3-4 Personen
Zubereitungszeit: 15 Min./Garzeit: 15 Min.

- 1½ Tassen Zucchinifleisch
- 1 Zwiebel
- ¼ Tasse Zitronensaft
- ¼ Tasse Olivenöl
- ½ Tl Salz
- ½ Tl Pfeffer

Zwiebel schälen und kleinschneiden.
Öl erhitzen und die Zwiebel darin glasig rösten.
Zucchinifleisch* und Salz dazugeben und 5 Minuten lang umrühren.
Knoblauch und Zitronensaft hinzufügen und mehrmals über kleiner Flamme umrühren.
In eine Schüssel geben und mit Pfeffer bestreuen.
Warm oder kalt servieren.

* Man kann das Innere der Zucchini vom vorhergehenden Gericht verwenden.

# Zucchini mit Zimt

*mnazlit kusa*

Für 3-4 Personen
Zubereitungszeit: 15 Min./Garzeit: 40 Min.

- 3 Zucchini
- 1 große Zwiebel
- 2 reife Tomaten
- Salz, Pfeffer
- 1 Prise Kardamom
- 1 Tl Zimt
- Olivenöl

Zucchini waschen und in Würfel schneiden.
Zwiebel ganz klein schneiden.
Tomaten waschen und in Würfel schneiden.
Etwas Olivenöl in einem Topf erhitzen und die Zwiebel darin goldbraun rösten.
Zucchini dazugeben, einige Male umrühren, dann die Tomaten hinzufügen.
Alles etwa 10 Minuten lang braten.
1½ Tassen Wasser, Salz, Pfeffer und Kardamom dazugeben und auf kleiner Flamme etwa 30 Minuten lang köcheln lassen.
In einer Schüssel anrichten und mit Zimt garnieren.

*„tanjara wu laqat ghataha“*

Ein Topf hat seinen Deckel gefunden.

palästinensisches Sprichwort

Dieses Sprichwort bezieht sich auf zwei Freunde oder ein Pärchen, das besonders gut zueinander paßt bzw. sich perfekt ergänzt.

# Gebackene Zucchini mit Zitrone

*kusa ma'li*

Für 3-4 Personen
Zubereitungszeit: 15 Min./Garzeit: 20 Min.

- 2 Zucchini
- 1 Tasse Olivenöl oder Pflanzenöl
- 2 gepreßte Knoblauchzehen
- Saft einer halben Zitrone
- Salz, Pfeffer
- 1 El getrocknete Minze oder frische Minzblätter
- Radieschen

Zucchini waschen und in Scheiben schneiden. Mit Salz bestreuen und 15 Minuten ruhen lassen.
Zucchini waschen und trocknen.
Öl in einer Pfanne erhitzen, die Zucchini darin zartbraun braten, herausnehmen und auf Küchenpapier legen.
Die Scheiben in einer Schale verteilen.

**Dressing:**
Knoblauch mit Zitronensaft, Salz und Pfeffer vermengen.
Über die Zucchini gießen.
Die getrocknete Minze darüber streuen bzw. die Minzblätter darüber verteilen.
Mit Radieschen servieren.

# Gebackene Zucchini in Sesamsauce

*kusa bi-thine*

Für 4-6 Personen

Zubereitungszeit: 15 Min./Garzeit: 20 Min.

- 6 mittelgroße Zucchini
- 1 große Zwiebel
- ½ Tasse Walnüsse
- ¼ Tasse Pinienkerne
- ⅓ Tasse Sesampaste *tahine*
- ½ Tasse Zitronensaft
- 3 gepreßte Knoblauchzehen
- ¼ Tasse Olivenöl bzw. Pflanzenöl
- 1 Tl Salz
- ½ Tl Pfeffer
- ¼ Tl Zimt
- 1 Prise Muskatnuß

Zucchini waschen und in Scheiben schneiden.
Zwiebel kleinschneiden.
Walnüsse in kleine Stücke brechen.
Öl in einer Pfanne erhitzen und die Zucchini darin zartbraun braten.*
Herausnehmen und auf Küchenpapier legen.
Zwiebel im Öl mit Walnüssen und Pinienkernen kurz anrösten.
Herausnehmen und abtropfen lassen.
Eine Schicht Zucchini in eine ofenfeste Kasserolle legen.
Zwiebel-Nüsse-Mischung darüber verteilen und die übrigen Zucchini darauflegen.
Die *tahine* mit Zitronensaft, Knoblauch, Salz und den anderen Gewürzen gut vermengen.
Etwas Wasser dazugeben, bis die Sauce cremig wird.
Die Sauce über die Zucchini gießen und im Backrohr bei 350 Grad 20 Minuten lang backen.

* Die Zucchini können auch gedünstet werden.

Gemüse kann mit Hilfe von Geschmack und Erfahrung viel besser gekocht werden als mit Mengenangaben.

## Buntes Gemüsegericht

*chaltet chudra*

Für 4-5 Personen
Zubereitungszeit: 15 Min./Garzeit: 30 Min.

- 4 Kartoffeln
- 3 Karotten
- 3 Zucchini
- 3 Stangensellerie
- 1 weiße Rübe
- 1 große Zwiebel
- 5 Knoblauchzehen
- 1 kleine Zwiebel
- ¼ Bund Petersilie
- 1 Chilischote bzw. ¼ Tl Cayennepfeffer
- Salz, Pfeffer

Kartoffeln schälen und in Würfel schneiden.
Karotten abschaben und in 3 cm lange Stäbchen schneiden.
Zucchini in Würfel schneiden.
Stangensellerie in Stücke schneiden.
Die große Zwiebel in Würfel schneiden.
Knoblauch schälen.
In einem Topf 1 Liter Wasser zum Kochen bringen.
Das Gemüse bis auf die Zucchini mit den Zwiebeln und den Knoblauchzehen in den Topf geben und etwa 20 Minuten lang garen.
Nach 10 Minuten die Zucchini dazugeben.
Die kleine Zwiebel fein schneiden.
Petersilie ganz fein schneiden.
Chilischote kleinhacken.
Etwas Öl in einer Pfanne erhitzen, die Zwiebel, die Petersilie und die Chilischote 5 Minuten lang darin rösten.
Salzen und pfeffern.
Die Mischung zum Gemüse geben und weitere 10 Minuten köcheln lassen, bis die Flüssigkeit eingekocht ist.
Abschmecken.
Warm servieren.

**Karotten/Möhren**

Karotten aktivieren den Urinfluß und den Fluß der monatlichen Regel. 2 Tassen Karottensaft täglich beruhigt bei nervösen Zuständen, stärkt das Blut und das Augenlicht. Als Heilmittel für hustende Kinder werden Karotten mit Zucker vermengt und gekocht. Bei schwachem Knochenbau gibt man Kindern ab dem 4. Monat täglich 2-3 Eßlöffel von dieser Mischung.

Gegen Durchfall 1 kg Karotten in 5 Liter Wasser mit 3 g Salz 2 Stunden lang kochen.

Karotten reinigen den Körper von Würmern und Bakterien. Sie reinigen die Nieren und schützen die Leber und die Augen.

## Gemüsetopf

*alib chudra*

Für 6-7 Personen

Zubereitungszeit: 20 Min./Garzeit: 45 Min.

- 2 Karotten/Möhren
- 2 reife Tomaten
- 1 Aubergine
- 1 Zucchini
- 1 große Kartoffel
- 2 Zwiebeln
- ½ Tasse Pflanzenöl
- je 1 Tl Salz, Pfeffer
- ½ Tl Cayennepfeffer

Gemüse in dünne Scheiben schneiden.
Öl in einem Topf erhitzen und die Zwiebelscheiben darin zartbraun rösten.
Gemüse schichtweise in den Topf legen.
Als oberste Schicht kommen die Tomaten.
Gewürze in ½ Tasse Wasser geben und diese über das Gemüse gießen.
Aufkochen und auf kleiner Flamme etwa 45 Minuten lang zugedeckt köcheln lassen.
Warm servieren.

**Kürbis**

Kürbis hilft gegen Kopfweh, wenn man die Flüssigkeit trinkt, in der er gekocht wurde, oder sich damit den Kopf wäscht. Mit Tamarinde und Essig vermischt, hilft er, das Fieber zu senken, ebenso gegen Harnleiterentzündung, gegen Brennen beim Urinieren sowie gegen Verstopfung.

*Heilmittel gegen Bandwürmer:* 30-50 g Kürbiskerne pulverisieren und mit der gleichen Menge Milch vermischen. Diese Mixtur 3 Tage lang morgens auf nüchternen Magen trinken; danach ein starkes Abführmittel nehmen.

# Gemüse-Couscous

*kuskus maʿ chudra*

Für 5-7 Personen
Zubereitungszeit: 40 Min./Garzeit: 2 Std.
Kichererbsen über Nacht in Wasser einlegen

- 2 Tassen Kichererbsen
- 1 mittlere Zwiebel
- 1 Aubergine/Melanzani
- 3 Karotten/Möhren
- 3 Kartoffeln/Erdäpfel
- 150 g Riesenkürbis
- 2 Zucchini
- 150 g grüne Bohnen/Fisolen
- 2 reife Tomaten
- ½ Tasse Pflanzenöl
- ¼ Tl Piment
- Salz, Pfeffer
- ¼ Tl Cayennepfeffer
- ½ Tl Zimt bzw. 1 kleine Zimtstange

- 1 Tasse Couscous
- 2 Tl Butter

Nachdem die Kichererbsen über Nacht eingelegt worden sind, abwaschen, abtropfen lassen und in einem Topf mit Wasser etwa 1½ Stunden lang gar köcheln.
Währenddessen die Zwiebel kleinschneiden.
Karotten in 5 mm dicke Scheiben schneiden.
Kartoffeln in mittlere Würfel schneiden.
Kürbis in große Würfel schneiden.
Zucchini in Scheiben schneiden
Tomaten in große Würfel schneiden.
Die grünen Bohnen schräg in drei Teile schneiden.
Aubergine in Würfel schneiden.
Öl in einem großen Topf erhitzen.
Zwiebel mit dem Zimt bzw. der Zimtstange darin glasig rösten.
Karotten, Kartoffeln und Auberginen hinzugeben und 10 Minuten lang bei mittlerer Hitze umrühren.

½ Liter Wasser zum Kochen bringen.
Kürbis, Kichererbsen, grüne Bohnen und Zucchini mit Piment, Cayennepfeffer, Salz und Pfeffer hinzugeben und das kochende Wasser darüber gießen.
15 Minuten lang zugedeckt köcheln lassen.
Tomaten hinzugeben und weitere 5 Minuten köcheln lassen.

**Couscous:**
200 ml Wasser zum Kochen bringen.
Couscous in einen Topf geben und mit dem kochenden Wasser übergießen.
Butter unterrühren und den Couscous etwas ruhen lassen.
Den Topf zudecken und bei kleiner Flamme 5 Minuten lang dämpfen.

Gemüse und Couscous in getrennten Schüsseln servieren.

*Gib ausgedehnte Gastmähler, sei anmutig in der Unterhaltung und großzügig deinen Gästen gegenüber. Beginne bei solchen Gastmählern erst dann zu essen, wenn jeder andere zu essen begonnen hat.*

## Gemüse-Kasserolle

*kasarulat chudra*

Für 5-7 Personen
Zubereitungszeit: 20 Min./Garzeit: 1 Std. 30 Min.

1 mittelgroße Aubergine
2 mittlere Zucchini
3 grüne Paprika
300 g grüne Bohnen
4 reife Tomaten
½ Tasse Olivenöl
3 kleine Zwiebel
2 gepreßte Knoblauchzehen
½ Bund Petersilie
Salz, Pfeffer

Auberginen waschen, in Scheiben schneiden, auf ein Tablett legen und salzen.
30 Minuten ruhen lassen.
Währenddessen die Zucchini waschen und in 4 cm dicke Scheiben schneiden.
Das Kerngehäuse der Paprika entfernen und die Paprika vierteln.
Die grünen Bohnen reinigen und schräg schneidend halbieren.
Tomaten in Würfel schneiden.
Zwiebeln schälen und kleinschneiden.
Petersilie waschen und klein hacken.
In einer Pfanne die abgetropften Auberginen in der Hälfte des Öls goldbraun braten.
Herausnehmen und zur Seite legen.
Im selben Öl die Zwiebeln glasig rösten.
Knoblauch dazugeben, ganz kurz rösten und die Pfanne vom Feuer nehmen.
Auberginen in der Kasserolle ausbreiten, eine Schicht Zucchini, eine Schicht Paprika und eine Schicht grüne Bohnen darauflegen, darüber die Zwiebeln, zuletzt die Tomaten.
Salz, Pfeffer und die Hälfte der Petersilie darüberstreuen (dieser Vorgang kann wiederholt werden, bis sich alles Gemüse in der Kasserolle befindet).

Wasser darüber gießen und bei Belieben noch etwas Öl hinzufügen.
Die Kasserolle zudecken und bei mittlerer Hitze im Backofen etwa 1½ Stunden lang schmoren bzw. bis das Gemüse gar ist.
Herausnehmen und mit dem Rest der Petersilie garnieren.
Das Gemüse in der Kasserolle mit Brot und Schafskäse servieren.

# Eigerichte

*Ein Ei kommt selten allein!*

Das Ei ist ein simples Nahrungsmittel und doch eine der vollkommensten Speisen. Es beinhaltet Vitamine, Mineralien und alle wesentlichen Aminosäuren, die man für das Wachstum braucht, und es ist eine der billigsten Quellen für Proteine.
Eiweiß beruhigt Sonnenbrand, hilft beim Verheilen von Brandwunden und verhindert Narben.

## Ei mit Tomaten

*bayd bil-banadura*

Für 5 Personen
Zubereitungszeit: 10 Min./Garzeit: 5 Min.

4 Eier
½ kg reife feste Tomaten
1 gepreßte Knoblauchzehe
Salz, Pfeffer
*bhar* (Zimt-Muskatnuß-Gewürznelken-Mischung)
Butter oder Pflanzenöl

Tomaten ganz fein schneiden.
Butter in einer Pfanne zergehen lassen, Tomaten mit Salz hinzugeben und 5 Minuten lang unter ständigem Umrühren auf kleiner Flamme braten.
Gepreßten Knoblauch hinzugeben und vermengen.
Eier in einer Schüssel verrühren und *bhar* hinzufügen.
Eier über die Tomaten gießen, einmal verrühren und etwa 3 Minuten lang auf kleiner Flamme garen lassen.
Auf einem Teller anrichten und mit einer Prise Pfeffer garnieren.

*„Wenn du gibst, dann gib denen, die das,*
*was du gibst, zu gebrauchen wissen."*

arabische Lebensweisheit

# Ei mit Pferdebohnen

*bayd bil-ful il-mdammis*

Für 4 Personen
Zubereitungszeit: 10 Min./Garzeit: 8 Min.

- 1 Tasse gekochte Pferdebohnen
- 4 Eier
- ½ Tl Salz
- *bhar* (Zimt-Muskatnuß-Gewürznelken-Mischung)
- ¼ Tasse Pflanzenöl
- 1 gepreßte Zitrone

Pflanzenöl in einer Pfanne erhitzen, Pferdebohnen und Salz hinzugeben und gut umrühren.
Eier und *bhar* hinzufügen und auf kleiner Flamme etwa 5 Minuten lang garen lassen.
In einen tiefen Teller geben und den Zitronensaft darüber gießen.
Warm servieren.

# Ei mit Auberginen

*mfarraket bayd wu-batinjhan*

Für 5-6 Personen

Zubereitungszeit: 10 Min./Garzeit: 15 Min.

½ Aubergine
8 Eier
*bhar* (Zimt-Muskatnuß-Gewürznelken-Mischung)
Salz, Pfeffer
1 Tasse Pflanzenöl

Auberginen waschen, schälen und in kleine Würfel schneiden.
Pflanzenöl in einer Pfanne erhitzen und die Auberginenwürfel zartbraun anbraten.
Eier in einer Schale verrühren, *bhar* hinzufügen und über die Auberginen gießen.
Nur einmal umrühren, damit die Auberginen ganz bleiben.
Die Mischung zudecken und auf kleiner Flamme 5 Minuten lang garen lassen.
In einem Teller anrichten und warm servieren.

*Genieße und nähre dich vom Leben
und zeige Dankbarkeit,
indem du auch andere nährst.*

# Ei mit Zucchini

*bayd maʿ kusa*

Für 4-6 Personen
Zubereitungszeit: 10 Min./Garzeit: 25 Min.

8 Eier
5 Zucchini
1 große Zwiebel
2 El Butter oder Pflanzenöl
2 gepreßte Knoblauchzehen
einige Petersilieblätter
Salz
*bhar* (Zimt-Muskatnuß-Gewürznelken-Mischung)
½ Tasse Brotstückchen

Haut von Zucchini abschaben, die Frucht kleinschneiden.
Zwiebel fein schneiden.
Petersilie fein schneiden.
Butter bzw. Öl in einer Pfanne erhitzen, Zwiebel und Knoblauch darin ein wenig anrösten.
Zucchini dazugeben und gut verrühren.
Pfanne zudecken und Zucchini auf kleiner Flamme gar kochen, bis sie durch, aber noch knackig sind.
Eier, Petersilie und Gewürze in einer Schüssel verrühren.
Zucchini in eine ofenfeste Kasserolle geben, die Eier darüber gießen und die Brotstückchen darüber verteilen.
Im Ofen bei mittlerer Hitze etwa 15 Minuten lang backen.
Warm servieren.

**Friedenserziehung**
Uns selbst und unseren Kindern beizubringen, die einfachen Freuden, die wir erfahren können, zu schätzen, mit ihnen in die Natur zu gehen, sich in die Wunder einer Ameisenstraße oder einer winzigen gelben Blume, die zwischen den Gräsern wächst, zu versenken, ihnen beizubringen, sich ohne Fernsehen und ohne laute Musik trotzdem nicht zu langweilen ... hier beginnt Friedenserziehung.

Der arabische Eierpfannkuchen *ʿijje* gleicht einem Kuchen – er ist dick und deftig; es gibt ihn in vielen Variationen mit verschiedenen Gemüsen und Gewürzen.

# Arabischer Eierpfannkuchen

*ʿijje ʿarabiyye*

## 1. Variante

Für 4- 6 Personen
Zubereitungszeit: 20 Min./Garzeit: 5 Min.

- 6 Eier
- 2 El Butter oder Olivenöl
- 1 kleine Zwiebel
- ½ Bund Petersilie
- 1-2 gepreßte Knoblauchzehen
- Salz, Pfeffer

Zwiebel und Petersilie ganz fein schneiden.
Eier in eine Schüssel geben, Zwiebel, Petersilie, Knoblauch, Salz und Pfeffer dazugeben und mit einem Schneebesen vermengen.
Butter bzw. Öl in einer Pfanne erhitzen und die Eiermischung hineingießen.
Auf beiden Seiten bräunen und sofort servieren.
Entweder einen großen oder 4-6 kleine Pfannkuchen daraus machen.

*Ein Heim, in dem Essig ist,*
*wird nie an Armut leiden.*

**Essig**
Apfelessig enthält alle Mineralien, die der Körper braucht. Apfelessig ist gut gegen Übergewicht, wenn der Taillenumfang größer ist als der Brustumfang. In diesem Fall sollte man vor dem Essen 2 Teelöffel Essig in einem Glas Wasser zu sich nehmen.
*Gegen Krampfadern auf den Beinen:* Die Füße täglich morgens und abends mit etwas Essig massieren. Zusätzlich täglich morgens und abends ein Glas Wasser mit 2 Teelöffeln Essig trinken. Nach einem Monat sollten die Krampfadern verschwinden.

# Arabischer Eierpfannkuchen

*ʿijje ʿarabiyye*

## 2. Variante

Für 5-6 Personen
Zubereitungszeit: 20 Min./Garzeit: 5 Min.

6 Eier
¼ Tasse Mehl
1 Bund Petersilie
3 mittelgroße Zwiebeln
¼ Tasse Milch
½ Tl Backpulver
½ Tl Salz
½ Tl Pfeffer
½ Tl *bhar* (Zimt-Muskatnuß-Gewürznelken-Mischung)
½ Tl Essig
½ Tasse Pflanzenöl

Zwiebeln fein schneiden und mit den Gewürzen vermischen.
Petersilie fein schneiden.
Mehl und Backpulver in einer Schüssel vermengen.
Eier in einer anderen Schüssel verrühren, Milch hinzufügen, alles über das Mehl gießen und vermischen.
Zwiebeln und Petersilie dazurühren.
Pflanzenöl in einer Pfanne auf starker Flamme erhitzen.
Entweder die ganze Mischung hineingeben oder mehrere kleine Pfannkuchen daraus machen.
Die Mischung auf beiden Seiten anbraten und heiß servieren.

**Die Atmung zur Mitte**
Es ist leichter, diese Übung im Stehen auszuführen, es geht aber auch im Sitzen. Stelle bzw. setze dich aufrecht hin. Füße gut auf dem Boden „ausbreiten". Atme sanft und tief durch die Nase ein. Lenke den Atem bewußt in den unteren Bauch, den Ort hinter dem Nabel. Schließe dabei deine Augen, damit du vom Äußeren nicht abgelenkt wirst. Halte an und atme immer wieder in die Mitte, bis du merklich ruhiger geworden bist.

# Eierpfannkuchen in Joghurt

*ʿijje bi-laban*

Für 4-5 Personen
Zubereitungszeit: 15 Min./Garzeit: je 5-7 Min.
Zubereitung von Joghurt über Nacht

- 4 Becher Joghurt (mindestens 3% Fettanteil)
- 4 Eier
- ½ Bund Petersilie
- ½ Bund frische Minze
- 1 Zwiebel
- ¼ Tasse Mehl
- Pinienkerne
- Zimt, Pfeffer, Salz
- ½ Tasse Pflanzenöl
- 2 Tomaten

Joghurt in ein Baumwolltuch leeren, das Tuch zusammenbinden und über Nacht zum Abtropfen aufhängen (siehe Zubereitung von Joghurtcreme).
Am nächsten Tag Joghurt in eine Schale geben.
Petersilie, Minze und Zwiebel fein schneiden.
Pinienkerne mit etwas Öl in einer Pfanne goldbraun anrösten.
Eier in einer Schale verrühren.
Petersilie, Minze, Zwiebel, Mehl und Gewürze mit den Eiern vermengen.
Das Pflanzenöl in einer Pfanne erhitzen, einen Schöpflöffel der Mischung in die Pfanne geben und den Pfannkuchen auf beiden Seiten anbraten.
Pfannkuchen mit Joghurt füllen und einrollen.
Auf einen Teller legen und mit Pinienkernen garnieren.
Den Rand des Tellers mit Tomatenscheiben dekorieren.

# Eierpfannkuchen mit Zucchini

*ʿijjet kusa*

Für 4-5 Personen
Zubereitungszeit: 15 Min./Garzeit: je 5-7 Min.

3 kleine Zucchini
5 Eier
1 Zwiebel
1 gepreßte Knoblauchzehe
1 Tl Zimt
Salz, Pfeffer
1 El Mehl
Butter oder Pflanzenöl
Petersilie

Zucchini schälen und in kleine Stücke schneiden.
In etwas Wasser gar kochen.
In einem Sieb abtropfen lassen.
Zwiebel und Knoblauch mit einem Eßlöffel Butter bzw. Öl goldbraun rösten.
Salzen und pfeffern.
Zucchini in einer Pfanne kurz anbraten.
Eier in einer Schale verrühren, Mehl, Zimt, Salz und Pfeffer hinzufügen und vermengen.
Zucchini und Zwiebel dazugeben.
Öl in der Pfanne erhitzen und die Mischung hineinleeren.
Auf beiden Seiten anbraten.
Entweder einen großen oder mehrere kleinere Pfannkuchen daraus machen.
In einem Teller servieren und den Rand des Tellers mit Petersilie garnieren.

**Der schwarze Punkt**

*Der Meister hatte einen Lieblingsschüler, der ihn überallhin begleitete und stets an seiner Seite weilte. Als dieser einmal nicht anwesend war, nutzten die anderen Schüler die Gelegenheit, um über ihn zu schimpfen. „Meister, er respektiert Euch nicht, seht nur, wie er verschwunden ist, ohne eine Nachricht zu hinterlassen oder einen Grund anzugeben."*

*Der Meister antwortete nicht mit Worten, sondern zog ein weißes Blatt hervor, auf das er einen Punkt zeichnete. „Was seht ihr?" fragte er seine Schüler. „Einen schwarzen Punkt", antworteten alle eifrig. „Eigenartig", sprach der Meister, „daß ihr bei so viel weißem Blatt nur den schwarzen Punkt erblickt!"*

# Eierpfannkuchen mit Kartoffeln

*'ijjet batata*

Für 4 Personen
Zubereitungszeit: 10 Min./Garzeit: 5 Min.
Kartoffeln vorkochen

6 Eier
2 weichgekochte Kartoffeln
einige Blätter Petersilie
Öl oder Butter
Salz, Pfeffer
2 Tomaten

Die gekochten Kartoffeln kleinschneiden und zerquetschen.
Petersilie kleinschneiden und dazumischen.
Eier in einer Schale verrühren, salzen und pfeffern und die Kartoffel-Petersilie-Mischung dazugeben.
Öl bzw. Butter in der Pfanne erhitzen und die Mischung hineingießen.
Den Pfannkuchen umdrehen, wenn man ihn auf beiden Seiten anbräunen möchte.
Auf einem Teller anrichten und den Tellerrand mit aufgeschnittenen Tomaten garnieren.
Warm servieren.

**Fenchel**

Fenchel regt den Appetit an und stärkt ihn. Fenchel hilft auch gegen Blähungen und Würmer, stärkt die Potenz, ist gut gegen Asthma und Nervosität. Als Tee macht Fenchel Kinder schläfrig und aktiviert die Milch bei stillenden Müttern.

# Eierpfannkuchen mit Fenchel

*ʿijjet schomar*

Für 4 Personen

Zubereitungszeit: 15 Min./Garzeit: 5 Min.

6 Eier
½ Fenchel
3 Jungzwiebeln
1 El Mehl
Butter oder Öl
Salz, Pfeffer

Fenchel und Jungzwiebeln ganz fein schneiden oder schaben.
Eier in einer Schale verrühren, Mehl, Fenchel, Jungzwiebeln, Salz und Pfeffer hinzugeben und vermischen.
Öl bzw. Butter in einer Pfanne erhitzen und die Mischung hineingießen.
Pfannkuchen auf beiden Seiten goldbraun braten.
Warm servieren.

**Mandeln**

Mandeln werden schwangeren und stillenden Frauen sowie Athleten und Menschen empfohlen, die an Blutarmut und Diabetes leiden. Mandeln stärken das Hirn und das Nervensystem. Wenn man an Atemnot und Ohrenschmerzen leidet, einige Tropfen Mandelöl in die Ohren träufeln.

## Eierpfannkuchen mit Spinat

*ʿijjet sabanigh*

Für 4-5 Personen

Zubereitungszeit: 20 Min./Garzeit: 5-7 Min.

¼ kg Spinat
6 Eier
½ kleine Zwiebel
1 gepreßte Knoblauchzehe
2 El Pinienkerne oder Mandelsplitter
Öl oder Butter
Salz, Pfeffer
1 Prise Kardamom
1 Tomate

Zwiebel kleinschneiden.
Spinat waschen, gut trocknen und kleinschneiden.
Spinat mit etwas Salz in einen Topf geben und im eigenen Saft schmoren lassen.
Öl bzw. Butter in einer Pfanne erhitzen, erst Zwiebel, dann Knoblauch hinzugeben und glasig rösten.
Salzen und pfeffern, Kardamom und Spinat hinzufügen und alles vermengen.
Eier in einer Schale verrühren, über den Spinat gießen und umrühren, bis die Eier gar sind.
Pfannkuchen auf einen Teller geben.
Pinienkerne im restlichen Öl goldbraun anrösten.
Den Pfannkuchen mit den Pinienkernen garnieren und den Rand des Tellers mit der aufgeschnittenen Tomate dekorieren.

# Eier in Tomaten

*schakschuka*

Für 4-5 Personen
Zubereitungszeit: 10 Min./Garzeit: 20 Min.

- 6 Eier
- 1 kg reife Tomaten
- 1 Zwiebel
- Öl
- Salz, Pfeffer

Zwiebel fein schneiden. Tomaten in Würfel schneiden (Tomaten werden manchmal auch geschält).
In einem Topf Öl erhitzen.
Zwiebel darin glasig rösten und Tomaten hinzufügen.
Umrühren und auf kleiner Flamme gar kochen.
Kleine Grübchen öffnen, die Eier aufschlagen und hineingeben.
Salzen und pfeffern.
Die Eier vorsichtig umrühren, bis sie gar sind.
Warm servieren und mit Brot essen.

*Mit verspielter Neugier zu kochen bedeutet,*
*etwas zu tun,*
*ohne vorher zu wissen, wie man es tut!*

# HÜLSENFRÜCHTE

*Kichererbsen und ihre Freunde*

Kichererbsen entfernen Flecken von der Haut und erhellen den Teint, wenn man sie als Maske aufträgt oder ißt. Gemahlen und auf die Haut aufgetragen, helfen sie gegen bösartige Wunden, Krätze und Wundschorf. Kichererbsen sind gut gegen Rückenschmerzen, geschwollenes Zahnfleisch und Schwellungen hinter den Ohren. Sie aktivieren den Fluß des Urins, stärken die Nerven und das Gehirn.

## Kichererbsenpaste

*hummus bi-thine*

Für 4-6 Personen
Zubereitungszeit: 20 Min./Garzeit: etwa 1½ Std. für die Kichererbsen
Kichererbsen über Nacht in Wasser einlegen und kochen

- 2 Tassen trockene Kichererbsen
- 4 gepreßte Knoblauchzehen
- ½ Tasse Zitronensaft
- ½ Tasse Sesampaste
- 2 Tl Salz
- Olivenöl
- Petersilie oder Pinienkerne

Die gekochten Kichererbsen in der Küchenmaschine zu einem glatten Püree mahlen.
Kichererbsenpüree in eine Schüssel geben, Zitronensaft, Sesampaste, Knoblauch und Salz dazugeben und gut verrühren.
Falls das Püree zu steif ist, kann man einige Löffel Wasser hinzufügen.
Das Kichererbsenpüree mit Hilfe eines Eßlöffels in einem tiefen Teller ausbreiten und eine kleine Mulde formen.
Etwas Olivenöl hineingießen.

Es gibt drei verschiedene Dekorationsmöglichkeiten:

**1. Dekoration:**
Petersilie fein schneiden, in die Mitte des Tellers ein Büschchen hineindrücken und den Rand mit Granatapfelkernen dekorieren.

**2. Dekoration:**
Pinienkerne in etwas Öl goldbraun anrösten und die Mitte sowie den Rand des Tellers damit garnieren.

**3. Dekoration:**
Einige der gekochten Kichererbsen werden nicht püriert und in der Mitte des Tellers großzügig verteilt.

Man kann auch fertig pürierte Kichererbsen in Dosen kaufen. Der Vorgang ist der selbe (Kichererbsenpüree in eine Schüssel geben, Zitrone ...).

**Kumin**

Kumin aktiviert den Urin, beruhigt die Überhitzung des Körpers und stoppt Nasenbluten, wenn man es zur Nase führt. Es kann als Lotion zur Gesichtsreinigung verwendet werden. Mit etwas Essig beruhigt es den Husten und ist gut für die Leber. Kumin ist das einzige Gewürz, das durch den Magen geht, ohne verdaut zu werden, und direkt die Leber erreicht.

## Falafel

*falafel*

Für 4 Personen
Zubereitungszeit: 30 Min./Garzeit: 15 Min. + etwa 1½ Std. für die Kichererbsen
Kichererbsen über Nacht in Wasser einlegen und kochen

- ½ kg Kichererbsen
- 1 kleine Zwiebel
- 2 gepreßte Knoblauchzehen
- 2 El frische Petersilie
- 1 El frischer Koriander
- 2 Tl gemahlener Kreuzkümmel
- ½ Tl Backpulver
- je 1 Tl Salz, *bhar* (Zimt-Muskatnuß-Gewürznelken-Mischung), Pfeffer, Kumin
- Öl
- Tomaten

Zwiebel, Petersilie und Koriander fein schneiden, mit Knoblauch, Kreuzkümmel, Backpulver, den Gewürzen und 1 Eßlöffel Wasser mit den gekochten Kichererbsen in der Küchenmaschine zu einem groben Püree mahlen.
Zudecken und 1 Stunde ruhen lassen; dann kurz durchkneten und walnußgroße Bällchen daraus formen (nicht zu fest zusammendrücken).
Öl in einem Topf stark erhitzen, die Bällchen auf einem Löffel einzeln behutsam hineinlegen und auf beiden Seiten goldbraun braten.
Herausnehmen, auf Küchenpapier abtropfen lassen und anschließend auf einen Teller geben, der mit Tomatenscheiben garniert wird.
Die Falafel können auch mit Sesampaste *tahine* gegessen werden; dieser fügt man eine gepreßte Knoblauchzehe und einen Schuß Zitronensaft hinzu.

Ein herrliches Häppchen für unterwegs: Falafel in einem Fladenbrot mit einem Salatblatt, Tomatenscheiben und einem Eßlöffel Sesampaste *tahine*.

# Kichererbsen-Reisgericht

*mjadra bi-hummus*

Für 4-5 Personen
Zubereitungszeit: 20 Min./Garzeit: 15 Min. + etwa 1½ Std. für die Kichererbsen
Kichererbsen über Nacht in Wasser einlegen und kochen

1 Tasse Kichererbsen
⅓ Tasse Öl
3 Zwiebeln
1 Tasse Burghul
Salz
3 Jungzwiebeln

Burghul in eine Schüssel geben und mit Wasser bedecken.
Zwiebeln schneiden und in Öl anrösten.
Das Wasser mit den Händen aus dem Burghul herausdrücken.
Nachdem die Kichererbsen gar gekocht sind, Zwiebeln, Salz und Burghul dazugeben.
Den Topf zudecken und auf kleiner Flamme etwa 15 Minuten lang kochen lassen, bis das ganze Wasser aufgesaugt ist.
In einer Schüssel anrichten und mit geschnittenen Jungzwiebeln garnieren.

*Es gibt viel für uns zu tun, wenn wir diesen Planeten zu einem besseren Ort für alle Frauen und damit für die ganze Menschheit machen wollen. Um das zu erreichen, müssen wir stark, weich, beweglich und gesund sein.*

## Warme Kichererbsen in Zitrone und Öl

*fattet hummus*

Für 4-5 Personen
Zubereitungszeit: 15 Min./Garzeit: etwa 1½ Std. für die Kichererbsen
Kichererbsen über Nacht in Wasser einlegen und kochen

- 2 Tassen Kichererbsen
- ½ Tasse Olivenöl
- Saft von ½ Zitrone
- 2 gepreßte Knoblauchzehen
- 1 Fladenbrot oder anderes flaches Brot
- Salz, Pfeffer

Kichererbsen aus dem Topf schöpfen und die Flüssigkeit beiseite stellen.
Die Schalen der Kichererbsen können entfernt oder beibehalten werden.
Zitronensaft, Knoblauch, Salz und Pfeffer vermischen.
Brot in kleine Stückchen reißen, in eine flache Schüssel geben und ein wenig von der Kichererbsenflüssigkeit darüber gießen.
Kichererbsen darauf legen und die Zitronensaftmischung darüber gießen.
Gleich servieren.

*Betrachte das Leben als Pfad des Erwachens.*
*Du wirst nicht älter,*
*sondern reicher und kostbarer.*

# Kichererbsen in Joghurt

*fattet hummus ib-laban*

Für 4-5 Personen
Zubereitungszeit: 20 Min./Garzeit: etwa 1½ Std. für die Kichererbsen
Kichererbsen über Nacht in Wasser einlegen und kochen

- 1 Tasse Kichererbsen
- 2 Becher Joghurt
- 2 gepreßte Knoblauchzehen
- 1 Fladenbrot
- 3 El Butter bzw. Öl
- Salz
- ¼ Tasse Pinienkerne

Die Kochflüssigkeit der Kichererbsen aufbewahren.
Joghurt mit dem gepreßten Knoblauch vermischen und salzen.
Brot im Ofen bräunen und in kleine Stücke brechen.
Pinienkerne in etwas Öl goldbraun rösten.
In eine Schüssel eine Schicht Brot legen, etwas Kichererbsenflüssigkeit darüber gießen, darauf einige Löffel ganze Kichererbsen und darüber einige Löffel Joghurt geben.
Dann wieder eine Schicht Brot, Kichererbsenflüssigkeit, Kichererbsen etc.
Diesen Prozeß wiederholen, sodaß die oberste Schicht Joghurt ist.
Mit Pinienkernen dekorieren.
Gleich servieren.

# Kichererbsen mit Tomatensauce

*hummus ib-bandura*

Für 4-5 Personen

Zubereitungszeit: 15 Min./Garzeit: 15 Min. + etwa 1½ Std. für die Kichererbsen

Kichererbsen über Nacht in Wasser einlegen und kochen

- 1 Tasse Kichererbsen
- 2 Zwiebeln
- 5 frische oder 1 Dose geschälte Tomaten
- ½ Bund Petersilie
- 2 Knoblauchzehen
- ¼ Tasse Olivenöl
- Salz

Tomaten schälen und fein schneiden.
Zwiebeln und Knoblauchzehen fein schneiden und im Öl glasig rösten.
Tomaten und 1 Prise Salz hinzugeben.
Kochen, bis die Tomaten weich sind.
Petersilie fein schneiden.
Kichererbsen, Petersilie und Salz dem Tomatenpüree hinzufügen, Topf zudecken und etwa 10 Minuten lang auf kleiner Flamme gar kochen.
Kann mit Reis serviert werden.

**Das äußere und das innere Kochen**

Für alles gibt es einen Moment der Reife.

Auch das Kochen führt zu einem Moment der Reife, und der Körper „kocht" die Nahrung nochmals, bis sie bereit ist, in das Blut und das Gewebe überzugehen.

Das Kochen im Körper beginnt mit dem Speichel, Hitze wird produziert, auch wenn diese minimal ist.

Zu dieser Hitze kommt die Hitze des Kauens, verursacht durch das Aneinanderreiben der Zähne.

Dann wird die Nahrung geschluckt und gelangt in den Magen, und ein weiterer Kochprozeß beginnt – die Hitze der Salzsäure.

Jede dieser Hitzestufen verändert die Natur der Nahrung.

Wenn der Verdauungsprozeß beendet ist, ist die Nahrung ein flüssiger Brei.

Dann wandert die Nahrung durch den Dünndarm, wo die Aufteilung der Nahrung in ihre einzelnen Bestandteile und Nebenprodukte beginnt.

Die arabische Medizin sieht den Schlüssel zu einer gesunden Ernährung in zwei Elementen: in den vier körperlichen Essenzen, *akhlat*, die in der Leber vorzufinden sind, sowie im erhitzenden und kühlenden Effekt von Nahrung.

# Kichererbsen mit Spinat

*hummus wu-sabanigh*

Für 6-7 Personen

Zubereitungszeit: 20 Min./Garzeit: 30 Min. + etwa 1½ Std. für die Kichererbsen

Kichererbsen über Nacht in Wasser einlegen und kochen

1½ Tassen Kichererbsen
1 kg Spinat
1 Zwiebel
¼ Tasse Olivenöl
2 El Tomatenmark
2 Tl Salz
Pfeffer
¼ Tl Zucker

Zwiebel fein schneiden.
Öl in einer Pfanne erhitzen und Zwiebel darin glasig rösten.
Tomatenmark, Salz, Pfeffer und Zucker hinzugeben und gut vermischen.
Zwiebelsauce zu den Kichererbsen geben.
Spinat waschen und mitsamt den Stielen kleinschneiden.
Zu den Kichererbsen in den Topf geben.
20 Minuten lang köcheln lassen.
Abschmecken, eventuell Salz oder Pfeffer ergänzen.
Wenn nötig, ein wenig Wasser zufügen.
Es sollte zwar alles rundherum feucht, aber nicht zu naß sein.
In einer Schüssel anrichten und mit Brot oder Reis servieren.
Kann warm oder kalt gegessen werden.

**Pferdebohnen**

Pferdebohnen sind sehr nahrhaft. Die Blüten der Bohnen reinigen den Körper von Harnsand, beruhigen Nierenschmerzen und stoppen Erbrechen. Dazu werden 50-60 Bohnenblüten in 2 Tassen Wasser zum Kochen gebracht. Vom Feuer nehmen und abkühlen lassen. Diese Flüssigkeit mehrmals am Tag trinken.

## Pferdebohnen in Öl

*ful mdammis*

Für 4-5 Personen
Zubereitungszeit: 20 Min./Garzeit: 15 Min. + 3 Std.
Pferdebohnen über Nacht in Wasser einlegen

- 1 Tasse trockene Pferdebohnen
- 3 Tassen Wasser
- ½ Tasse Zitronensaft
- 5 gepreßte Knoblauchzehen
- ½ Bund Petersilie
- ½ Tasse Olivenöl
- 1 Tl gemahlener Kümmel
- Salz
- Jungzwiebeln

Pferdebohnen waschen, mit Wasser bedecken und über Nacht an einem kühlen Platz stehen lassen.
Am nächsten Tag Pferdebohnen waschen und mit 3 Tassen Wasser in einen Topf geben. Aufkochen und auf kleiner Flamme etwa 3 Stunden lang zugedeckt köcheln lassen.
Immer wieder nachsehen und, wenn nötig, Wasser hinzufügen.
Den gepreßten Knoblauch mit Salz und dem gemahlenen Kümmel* vermischen, Zitronensaft dazugeben und alles vermengen.
Wenn die Pferdebohnen gar sind, die Zitronensaftmischung dazugießen, gut vermischen und in eine flache Schüssel geben.
Mit einem Löffel eine Rille formen und etwas Olivenöl hineingießen.
Petersilie fein schneiden und die Pferdebohnen damit garnieren.
Jungzwiebeln waschen und mit Fladenbrot dazu essen.

* Kümmel wird vor allem hinzugefügt, um Blähungen zu vermeiden. Ist man besonders empfindlich, kann man die Dosierung erhöhen.

**Variante:**

Zur Zitronensaftmischung Sesampaste *tahine* dazugeben.

Falls die Mischung zu dick wird, etwas Wasser oder Zitronensaft hinzufügen.

4 harte Eier halbieren, mit etwas Salz, gemahlenem Kümmel und feingehackter Petersilie garnieren und dazu servieren.

*„Das Essen von Linsen macht ein sympathisches Herz,
bringt Wasser in die Augen
und läßt den Stolz dahinschmelzen.“*

# Linsen mit Spinat

*'adas ib-sabanigh*

Für 4-5 Personen
Zubereitungszeit: 15 Min./Garzeit: 50 Min.

½ kg Spinat
Zwiebel
2 Knoblauchzehen
200 g Linsen
4 El Pflanzenöl
Kumin
Kardamom
Salz, Pfeffer

Spinat gut waschen und kleinschneiden.
Wenn eingefrorener Spinat verwendet wird, dann so vorgehen, wie es auf der Packung steht.
Linsen waschen und abseihen.
Zwiebel und Knoblauchzehen kleinschneiden.
Öl in einer Kasserolle erhitzen, Zwiebel und Knoblauch darin weich kochen.
Linsen mit ¾ Liter Wasser dazugeben, aufkochen lassen und auf kleiner Flamme zugedeckt weich kochen (etwa 30 Minuten).
Spinat, etwas Kumin, etwas Kardamom und Salz dazugeben (abschmecken!), weitere 15 Minuten köcheln lassen, bis der Spinat gar ist.
Pfeffer dazugeben und einige Male umrühren.

*Meine Seele flüsterte mir zu:*
*„Sei nicht entzückt durch Lob oder betrübt durch Tadel.*
*Blühen nicht die Bäume im Frühling und tragen*
*Früchte im Sommer, ohne nach Lob sich zu sehnen,*
*und lassen sie im Herbst nicht die Blätter fallen,*
*um im Winter nackt zu sein,*
*ohne sich vor Vorwurf zu fürchten ...“*

Khalil Gibran

# Linsen mit Burghul

*mjadra b-ʿadas wu-burghul*

Für 4-5 Personen
Zubereitungszeit: 20 Min./Garzeit: 50 Min.

1 Tasse Linsen
½ Tasse Öl
2 große Zwiebeln
1 Tasse grober Burghul
Salz
Jungzwiebeln
Radieschen

Burghul in eine Schüssel geben und mit Wasser bedecken.
Etwa 20 Minuten ziehen lassen.
Linsen waschen und in einen Topf mit 2 Liter Wasser geben, Salz hinzufügen, aufkochen und auf kleiner Flamme 30 Minuten lang köcheln lassen.
Die zwei großen Zwiebeln kleinschneiden und in Öl goldbraun rösten.
Das zusätzliche Wasser mit den Händen aus dem Burghul herauspressen.
Wenn die Linsen gar sind, die gerösteten Zwiebeln und den Burghul hinzugeben.
Topf zudecken und etwa 20 Minuten lang köcheln lassen, bis alles Wasser aufgesaugt ist.
In einer flachen Schüssel servieren.
Jungzwiebeln und Radieschen waschen und auf einen Teller geben.

Ein Löffel Linsen, ein Bissen Jungzwiebel oder Radieschen und eventuell Fladenbrot.

# Linsen in Reis

*mdardaret ʿadas bir-ruz*

Für 4-6 Personen
Zubereitungszeit: 10 Min./Garzeit: 60 Min.

1 Tasse Linsen
1½ Tassen Reis
3 Tassen Wasser
4 Zwiebeln
½ Tasse Pflanzenöl
½ Tl Kumin
1 Tl Salz

Linsen waschen, mit 3 Tassen Wasser in einen Topf geben, aufkochen und auf kleiner Flamme ½ Stunde lang köcheln lassen.
Salz und Kumin hinzufügen.
Reis waschen, zu den Linsen geben und gut vermengen.
Diese Mischung 20 Minuten lang auf kleinster Flamme köcheln lassen.
Währenddessen die Zwiebeln im Öl goldbraun rösten.
Zwiebeln herausnehmen und das Öl über die Linsen-Reis-Mischung gießen.
Vorsichtig umrühren und weitere 5 Minuten kochen lassen.
Den Linsen-Reis in eine große Schüssel geben und mit den Zwiebeln garnieren.
Joghurt oder Salat dazu servieren.

# Linsen in Burghul

*'adas ib-burghul*

Für 4-5 Personen
Zubereitungszeit: 15 Min./Garzeit: 30 Min.

- 1 Tasse rote Linsen
- 1 Tasse Burghul
- 1 Zwiebel oder 3 Jungzwiebeln
- ½ Bund Petersilie
- Salz, Pfeffer
- Cayennepfeffer oder 1 Chilischote

Linsen waschen und in einen Topf geben, mit etwa 3 Tassen Wasser bedecken und weich kochen. Feuer abdrehen!
Burghul zu den Linsen hinzufügen und ihm Zeit geben, die restliche Linsen-Flüssigkeit aufzusaugen.
Währenddessen Petersilie und Zwiebel fein schneiden.
Wenn die Linsen-Burghul-Mischung etwas abgekühlt ist, Zwiebel, Salz, Pfeffer und Cayennepfeffer bzw. die feingeschnittene Chilischote hinzugeben und gut vermischen.
Auf einem tiefen Teller anrichten und mit Petersilie garnieren.
Kann mit Joghurt serviert werden.

**Die Zwillingsschwestern**
Verwende beim Kochen die linke und die rechte Hand gleichwertig. Hole einmal mit der Linken die Schüssel aus dem Schrank und dann mit der Rechten das Wasser. Laß das Wissen beider in dein Tun fließen und genieße voll ...

# Linsen-Reis-Gericht

*mjaddra*

Für 4-5 Personen
Zubereitungszeit: 10 Min./Garzeit: 70 Min.

- 2 Tassen Linsen
- 6 Tassen Wasser
- ¼ Tasse Reis
- 1 Zwiebel
- ¼ Tasse Pflanzenöl
- Salz
- ½ Tl Kumin
- ½ Tl *bhar* (Zimt-Muskatnuß-Gewürznelken-Mischung)
- Radieschen
- Jungzwiebeln

Linsen und Reis waschen.
Beides mit 6 Tassen Wasser in einem Topf zum Kochen bringen.
Auf kleiner Flamme etwa 1 Stunde lang köcheln lassen, bis die Linsen und der Reis gar sind.
Die Mischung in einer Küchenmaschine zu einem Püree mahlen.
Das Linsen-Reis-Püree wieder auf kleine Flamme stellen und Salz, Kumin sowie *bhar* hinzufügen.
Zwiebel fein schneiden, im Öl goldbraun rösten, dem Linsen-Reis-Püree hinzufügen und weitere 5 Minuten köcheln lassen.
Auf einer flachen Schüssel ausbreiten und abkühlen lassen.
Mit Radieschen und Jungzwiebeln servieren.

# Pferdebohnen mit Thymian

*ful achdar ma' za'tar*

Für 4-6 Personen

Zubereitungszeit: 10 Min./Garzeit: 35 Min.

600 g Pferdebohnen
Olivenöl
1 Tl getrockneter Thymian
Salz

Die Bohnen mit 1½ Liter Wasser und etwas Salz zum Kochen bringen.
Zudecken und 10 Minuten lang auf kleiner Flamme köcheln lassen, bis die Bohnen gar sind.
Die Bohnen abseihen, unter kaltem Wasser abkühlen und schälen.
Olivenöl erhitzen und die Bohnen mit dem Thymian und etwas Salz einige Minuten lang unter ständigem Umrühren braten.
Mit Reis servieren.

*Höre auf deinen Körper.*
*Das Maß an genug und genügend*
*kann nur körperlich erfahren werden.*

# Pferdebohnen mit Joghurt

*ful achdar ib-laban*

Für 4-6 Personen
Zubereitungszeit 30 Min./Garzeit: 40 Min.

- 1 kg frische Pferdebohnen oder Fava-Bohnen
- 2 gepreßte Knoblauchzehen
- 2 Zwiebeln
- 2 Becher Joghurt
- 1 El Mehl oder 1 Ei
- ¼ Tl Zimt
- Salz, Pfeffer
- ¼ Tasse Olivenöl

Bohnen waschen und schräg in drei Teile schneiden.
Zwiebeln kleinschneiden.
Zwiebeln und Knoblauch mit den Bohnen in ¼ Tasse Öl anbräunen.
Wasser hinzugeben und die Bohnen weich kochen.
Joghurt mit 1 Eßlöffel Mehl oder einem Ei in der Küchenmaschine gut vermengen.
Joghurt in einem Topf zum Kochen bringen.
Bohnen, Zimt, Salz und Pfeffer dazugeben.
Alles gut vermischen.
Mit Reis servieren.

*Reis verführt, ohne sich aufzudrängen.*

# Reisgerichte

*Majestät Reis und ihr Gefolge*

Reis ist im Nahen Osten ein Basisgericht, das bei keinem Essen fehlen darf, außer er wird – wie in Marokko – durch Couscous ersetzt. Reis bleibt entweder weiß oder wird gelb (mit Gelbwurz bzw. Safran) bzw. rot (mit Tomatensauce oder Granatapfelsaft) gefärbt.

## Reis mit Nudeln

*schiʿriyye*

Für 3-4 Personen

Zubereitungszeit: 10 Min./Garzeit: 20 Min.

1 Tasse Langkornreis (z.B. Basmati)
1½ bzw. 1⅓ Tassen Wasser
½ Tasse Fadennudeln
½ Tasse Pflanzenöl
Salz

Reis waschen und für 30 Minuten in etwas Wasser einlegen, danach abseihen und in einen Topf geben.
Die Reiskörner mit 2 Eßlöffeln Pflanzenöl kurz anbraten und salzen.
Wird der Reis vorher nicht in Wasser eingelegt, muß man 1½, sonst 1⅓ Tassen Wasser hinzugegeben.
Fadennudeln im Öl goldbraun braten und dann mit dem Reis vermengen.
Auf kleiner Flamme gar kochen.
Um Zeit zu gewinnen, kann man das Wasser vorher zum Kochen bringen und dann über den Reis gießen.

*Darin liegt die wahre Freude im Leben – das Dasein für einen Zweck zu nutzen, den du selbst als einen großen erkannt hast: Eine Kraft der Natur zu sein, statt eines fiebrigen, eigennützigen kleinen Erdklumpens voll Leid und Groll, und sich zu beklagen, daß sich die Welt nicht opfert, um dich glücklich zu machen ...*

Bernard Shaw

# Reis mit Pferdebohnen

*ruz ib-ful*

Für 4-5 Personen
Zubereitungszeit: 30 Min./Garzeit: 40 Min.

1 Tasse Reis
1½ kg grüne Bohnen
2 Zwiebeln
½ Tasse Pflanzenöl
Salz, Pfeffer

Reis waschen und in Wasser einlegen.
Pferdebohnen schälen, waschen und abseihen.
1½ Tassen Wasser zum Kochen bringen.
Zwiebeln kleinschneiden und in ½ Tasse Pflanzenöl goldbraun rösten.
Bohnen dazugeben, kurz anbräunen.
Das kochende Wasser hinzufügen, aufkochen und auf kleiner Flamme zugedeckt köcheln lassen, bis das ganze Wasser verdampft ist.
Reis abseihen, zu den Bohnen geben, salzen und pfeffern und alles gut vermengen.
1 ⅓ Tassen Wasser dazugeben, aufkochen und auf kleiner Flamme köcheln lassen, bis alles Wasser aufgesaugt ist.
In einer Schüssel servieren.

*Ein glückliches und zufriedenes Leben heißt,
jeden Augenblick auf den Tod vorbereitet zu sein
und den Weg des Herzens und der Liebe zu gehen.*

# Reis mit Erbsen

*ruz ib-bazella*

Für 3-4 Personen
Zubereitungszeit: 10 Min./Garzeit: 30 Min.

1 Tasse Reis
½ Tasse Erbsen
1 El Zitronensaft
2 El Pflanzenöl
Salz, Pfeffer
*bhar* (Zimt-Muskatnuß-Gewürznelken-Mischung)

Erbsen in einen Topf geben, mit Wasser bedecken und den Zitronensaft hinzufügen, damit die Erbsen ihre frische Farbe beibehalten. Gar kochen und abseihen.
Reis waschen und in einem Topf mit 2 Eßlöffeln Öl kurz anbraten.
1½ Tassen Wasser, die gekochten Erbsen, Salz, Pfeffer und *bhar* dazugeben und gar kochen.

# Reis mit Linsen

*'adas 'a ruz*

Für 4-5 Personen
Zubereitungszeit: 10 Min./Garzeit: 50 Min.

- 2 Tassen Linsen
- 1 Tasse Reis
- 2 Zwiebeln
- ¼ Tasse Pflanzenöl
- Salz, Pfeffer
- ½ Tl Kumin

Linsen und Reis waschen.
Linsen in einen Topf geben, mit Wasser bedekken und weich, aber noch knackig kochen.
Restliches Wasser abseihen.
Reis mit 2 Eßlöffeln Öl in einem Topf kurz anbraten.
Linsen, Salz, Pfeffer und Kumin hinzugeben und 1 ⅓ Tassen Wasser dazugießen.
Alles gut vermischen und gar kochen.
Währenddessen die Zwiebeln fein schneiden und mit dem restlichen Öl goldbraun rösten.
Linsen-Reis-Mischung in eine Schüssel geben und mit den Zwiebeln garnieren.
Mit Joghurt oder Salat servieren.

# Reis in Joghurt

*ruz ib-laban*

Für 5-7 Personen

Zubereitungszeit: 15 Min./Garzeit: 20 Min.

- ½ Tasse Rundkornreis
- 8 Becher Joghurt
- 1 Ei
- 2 gepreßte Knoblauchzehen
- ½ Tasse Pinienkerne oder Mandelsplitter
- ½ Tasse frische bzw. ¼ Tasse getrocknete Minze

Reis waschen und ½ Stunde in Wasser einlegen.
Abseihen.
Joghurt mit Ei, Knoblauch und Salz in einer Küchenmaschine cremig vermengen.
In einem Topf die Joghurtmischung erwärmen und den Reis dazugeben.
Auf kleiner Flamme gar kochen.
Frische Minze waschen und fein schneiden.
Pinienkerne in etwas Öl goldbraun rösten.
Gekochten Reis mit Joghurt gut vermischen und in einer großen Schüssel – oder für jede Person in einer eigenen Schale – anrichten.
Mit Pinienkernen und Minze garnieren.

*Ich fragte einen Jungen, der eine Kerze trug:*
*„Woher kommt das Licht?"*
*Sofort blies er es aus und sagte:*
*„Sage mir, wohin es ging, dann sage ich dir, woher es kam."*

Hasan Al-Basri

# Reis mit Weißkohl

*ma'lubet malfuf*

Für 5-6 Personen
Zubereitungszeit: 20 Min./Garzeit: 30 Min.

1 Weißkohl
2 Tassen Langkornreis
½ Tasse Pflanzenöl bzw. Butter
1 große Zwiebel
Knoblauch
½ Tl Kumin
½ Tl Zimt
2-3 Tl Salz
1 Zitrone

Zwiebel und Knoblauch fein schneiden und in etwas Öl goldbraun rösten.
Kohl waschen und kleinschneiden (Größe nach Belieben).
Den geschnittenen Kohl zur Zwiebel und dem Knoblauch geben.
Das restliche Öl bzw. die Butter hinzufügen, mit etwas Wasser aufkochen und auf kleiner Flamme etwa 10 Minuten lang köcheln lassen.
Reis, Salz, Kumin und Zimt darüber gießen, mit Wasser bedecken und kochen, bis der Reis gar ist.
Ein Tablett auf den Topf legen und diesen umdrehen, sodaß die Kohlblätter obenauf liegen.
Mit Zitronenscheiben garnieren.

**Achtsamkeit**

Beim gemeinsamen Essen schaut eine oder einer auf ein Gericht und beschreibt seine Zusammensetzung und seine Geschichte. Dies benötigt nur wenige Minuten, aber es wird allen helfen, sich an der Speise noch mehr zu erfreuen.

Zum Beispiel sagt jemand laut: „Dieser Reis wurde in Pakistan in großen Wasserbecken von Frauen angepflanzt. Gebückt, Schritt für Schritt pflanzten sie die Körner ein, indem sie sie tief mit der Faust in das nasse Feld hineindrückten. Tausende Sonnenstrahlen und Wolken lang wuchsen die Körner heran. Viel Treibstoff wurde aufgewendet, um den Reis von dort zu uns zu bringen.

Mögen wir die positiven und negativen Elemente wertschätzen, die in jedem Bissen vorhanden sind.

Die beste Art, dieser Speise wert zu sein, ist, sie achtsam zu essen, denn der gesamte Kosmos ist zusammengekommen, um diese Nahrung zu erschaffen, und jemand hat viel Zeit darauf verwendet, das Gericht zuzubereiten.

Es wäre schade, würden wir es nicht in Achtsamkeit essen."

# Reis mit Auberginen und Karotten

*ma'lubet batinjhan wu jazar*

Für 6-7 Personen
Zubereitungszeit: 30 Min./Garzeit: 35 Min.

2 große Auberginen
3 reife Tomaten
4 Karotten
1 große Zwiebel
2 Tassen Langkornreis
⅓ Tasse Pflanzenöl
Salz, Pfeffer

Auberginen in Scheiben schneiden, auf einem Tablett ausbreiten und gut salzen, damit der bittere Geschmack verschwindet.
Mindestens ½ Stunde ziehen lassen!
Enstweilen Karotten schälen bzw. grob abschaben*, in Scheiben schneiden und weich, aber noch knackig dünsten.
Tomaten schälen und halbieren, Zwiebel fein schneiden.
Öl in einer Pfanne erhitzen.
Auberginen abwaschen und mit Küchenpapier trocknen, im Öl goldbraun braten und auf Küchenpapier legen.
Zwiebel im Öl glasig rösten, salzen und pfeffern.
Auberginen, dann Zwiebeln, Karotten, Tomaten und zuletzt den gewaschenen Reis in einen Topf geben.
Mit Wasser bedecken und etwa 25 Minuten lang köcheln lassen, bis der Reis gar ist.
Den Topf vom Feuer nehmen und einige Minuten ruhen lassen.
Ein Tablett auf den Topf legen und diesen umdrehen.
Einige Minuten warten und dann den Topf langsam heben – was unten war, ist jetzt oben!
Mit Joghurt servieren.

* Grob abschaben ist immer besser, da der Reichtum (Vitamine etc.) der Frucht oder des Gemüses meist direkt unter der Schale bzw. Haut liegt.

*Wenn das Selbstvertrauen wächst, blüht die Ehrlichkeit.*

# Reis mit Kichererbsen

*ruz ib-hummus*

Für 4-6 Personen
Zubereitungszeit: 15 Min./Garzeit: 20 Min. + etwa 1½ Std für die Kichererbsen
Kichererbsen über Nacht in Wasser einlegen und kochen
(Schalen nicht entfernen)

1 Tasse Reis
½ Tasse Kichererbsen
1 Zwiebel
Salz
½ Tl *bhar* (Zimt-Muskatnuß-Gewürznelken-Mischung)
⅓ Tasse Olivenöl

Reis waschen und abseihen.
Zwiebel kleinschneiden und mit *bhar* und etwas Salz im Öl in einem Topf auf kleiner Flamme glasig rösten.
Kichererbsen und Reis dazugeben und mit 1½ Tassen Wasser zum Kochen bringen. Auf kleiner Flamme etwa 20 Minuten lang köcheln lassen, bis der Reis gar ist.
Mit Joghurt oder grünem Salat servieren.

*Menge und Qualität der Nahrung und Flüssigkeit,
die wir in unserem Leben Tag für Tag zu uns nehmen,
beeinflussen unsere körperlichen, seelischen
und geistigen Eigenschaften und Neigungen.*

# Reis mit Zucchini und Tomaten

*ma'lubet kusa wu-banadura*

Für 4-6 Personen
Zubereitungszeit: 30 Min./Garzeit: 40 Min.

1 Tasse Reis
2 Zucchini
3 reife Tomaten
1 Zwiebel
⅓ Tasse Olivenöl oder Pflanzenöl
Salz, Pfeffer
½ Tl Kardamom

Reis waschen und für ½ Stunde in Wasser einlegen.
Zucchini in Scheiben schneiden.
Tomaten in Würfel schneiden.
Zwiebel fein schneiden.
Öl in einem Topf erhitzen, Zwiebel darin glasig rösten, Salz, Pfeffer und Kardamom dazugeben und gut vermischen.
Die Zucchini dazugeben und leicht braun anbraten.
Danach die Tomaten dazugeben und auf kleiner Flamme weitere 5 Minuten köcheln lassen.
Den abgeseihten Reis mit 2 Tassen Wasser dazugeben, aufkochen lassen und auf kleiner Flamme zugedeckt gar kochen.
Den Topf vom Feuer nehmen, 5 Minuten ruhen lassen und dann mit kaltem Wasser abschrecken.
Den Topf mit einem Tablett zudecken und schwungvoll umdrehen.
Ein wenig warten, einige Male darauf klopfen und dann den Topf vorsichtig hochheben.

# *Reis mit Spinat*

*ruz ib-sabanigh*

Für 5-6 Personen

Zubereitungszeit: 30 Min./Garzeit: 35 Min.

1½ Tassen (brauner oder weißer) Reis
600 g frischer Spinat
4 El Pflanzenöl
1 Zwiebel
1 Tl Kumin
½ Tl Kardamom
1 Tl Koriander
1 Prise Muskatnuß
Salz
¼ Tasse Walnüsse

Reis waschen und für ½ (weißer Reis) bzw. 1 Stunde (brauner Reis) in Wasser einlegen.
Inzwischen den Spinat waschen und schneiden.
Zwiebeln kleinschneiden, Öl in einen Topf geben und die Zwiebeln darin zartbraun anrösten.
Spinat dazugeben und unter ständigem Umrühren auf kleiner Flamme etwa 15 Minuten lang braten.
Wenn nötig, etwas Wasser hinzufügen.
Den Reis zum Spinat geben, die Gewürze hinzufügen, mit Wasser bedecken und zum Kochen bringen.
Auf kleiner Flamme zugedeckt gar kochen.
Den Topf vom Feuer nehmen, ein Küchentuch zwischen Topf und Deckel geben und etwa 10 Minuten ruhen lassen.
In eine Schüssel geben und mit Walnüssen garnieren.
Mit Joghurt servieren.

Falls eingefrorener Spinat verwendet wird, wie auf der Packung beschrieben vorgehen und das zusätzliche Wasser ausdrücken, bevor der Spinat verwendet wird.

*Nahrung ist unser gemeinsamer Besitz,*
*unser Reichtum an Veränderungen und Wandlungen,*
*an Erhaltung und Fortsetzung.*

# Reis mit Joghurt

*labaniyyeh*

Für 4-5 Personen
Zubereitungszeit: 30 Min./Garzeit: 30 Min.

- ½ Tasse Reis
- 3 Becher Joghurt
- 5 gepreßte Knoblauchzehen
- 1 El Pflanzenöl oder 1 El Butter
- 1 Tl Salz
- 2 El Mehl oder 1 Tl Maisstärke oder 1 Eiweiß, etwas geschlagen
- 1 Tl getrocknete Minzblätter

Reis waschen und für ½ Sunde in Wasser einlegen.
Abseihen.
Joghurt in einen Topf geben, 2 Eßlöffel Mehl oder 1 Teelöffel Maisstärke oder 1 Eiweiß, etwas geschlagen, 1 Eßlöffel Pflanzenöl oder Butter sowie etwas Wasser dazugeben, gut vermischen und auf kleiner Flamme unter ständigem Rühren köcheln lassen, bis die Masse eindickt.
Den Reis mit dem Salz dazugeben, auf kleiner Flamme unter wiederholtem Umrühren kochen, bis der Reis gar ist.
Wenn nötig, etwas Wasser hinzugeben.
Knoblauch und Minze dazumischen, zum Kochen bringen und vom Herd entfernen.

**Safran**

Safran erhitzt, ist wunderbar für das Blut und kräftigt die Seele. Er mildert Schmerzen in den Gelenken und stärkt die Potenz.

# Safranreis

*timman za'faran*

Für 5-6 Personen

Zubereitungszeit: 30 Min./Garzeit: 45 Min.

- 2 Tassen Basmatireis oder anderer Langkornreis
- ½ Tl Safran oder 1 Tl Safranersatz
- 2 El Rosenwasser
- ⅓ Tasse Pflanzenöl
- ¼ Tasse geschälte Mandeln
- ¼ Tasse geschälte Haselnüsse
- 2 Zwiebeln
- 1 Tl *bhar* (Zimt-Muskatnuß-Gewürznelken-Mischung, 2. Variante bevorzugt, siehe Zubereitung der Gewürzmischung)
- ¼ Tasse Rosinen
- 3 Tassen Wasser
- Salz

Reis 30 Minuten in Wasser einlegen.
Inzwischen Safran mit Rosenwasser und 1 Eßlöffel Wasser vermischen und zur Seite stellen.
Zwiebeln kleinschneiden.
Die Hälfte des Öls in einer Pfanne erhitzen, Mandeln und Haselnüsse darin zartbraun rösten und herausnehmen.
Zwiebeln hinzugeben und zartbraun rösten.
Rosinen und *bhar* dazugeben, gut vermischen und kurz anrösten, bis die Rosinen sich aufblähen.
Die Mischung vom Feuer nehmen und zudekken (wird erst am Schluß gebraucht).
Den Reis abtropfen lassen.
Das restliche Öl in einem schweren Topf erhitzen.*
Die Hälfte des Rosenwassers mit dem Safran und 3 Tassen Wasser dazugeben und zum Kochen bringen.
Reis sowie Salz (je nach Geschmack 1-2 Teelöffel) dazugeben.
Immer wieder umrühren und wieder zum Kochen bringen.
Topf zudecken und auf kleiner Flamme 30 Minuten lang sanft köcheln lassen.

* Der Topf sollte nicht zu groß sein. Eine kleine Menge Reis sollte nicht in einem großen Topf gekocht werden!

Ein Tuch zwischen Deckel und Topf geben und weitere 5 Minuten köcheln lassen.
Vom Feuer nehmen und 10 Minuten ruhen lassen.
Den Reis auf einer Platte anrichten, mit den Mandeln, den Haselnüssen, den Rosinen und den Zwiebeln dekorieren und mit der restlichen Rosenwasser-Safran-Mischung beträufeln.
Mit Naturjoghurt oder Joghurt-Salat servieren.

Der irakische Reis zeichnet sich dadurch aus, daß auf die Kruste, *hakkakah*, die ihn umgibt, großer Wert gelegt wird. Sie ist die Krönung dieses Reises und wird den Gästen als besonderer Leckerbissen serviert. Diese *hakkakah* ist der Stolz einer/eines jeden irakischen Köchin bzw. Kochs.
Im Idealfall sollte die Kruste den ganzen Reis umgeben, sodaß er wie ein Kuchen umgedreht werden kann.
Wichtigste Voraussetzung dafür ist ein schwerer Topf mit einem gut verschließbaren, also dichten Deckel, sodaß sich die Hitze gleichmäßig verteilen kann.

# Irakischer Reis mit Kruste

*timman ib-hakkakah*

Für 5-6 Personen
Garzeit: 50 Min.

- 2 Tassen Basmatireis oder anderer Langkornreis
- ½ Tasse Pflanzenöl
- 2 El Salz
- 5 Tassen Wasser

Reis waschen und abtropfen lassen.
1 Eßlöffel Öl in einem schweren Topf erhitzen und den Reis dazugeben.
Auf großer Flamme für 2 Minuten umrühren.
5 Tassen warmes Wasser dazugeben, zum Kochen bringen und weitere 5 Minuten kochen lassen, dabei ständig umrühren.
Reis in einem Sieb abtropfen lassen.
Im selben Topf wieder 1 Eßlöffel Öl erhitzen.
Reis in den Topf geben, gleichmäßig verteilen und den Rest des Öls darüber gießen.
Auf kleiner Flamme 40 Minuten lang zugedeckt köcheln lassen.
Während der Reis köchelt, fülle das Abwaschbecken oder eine große Schüssel (in der der Topf Platz hat) mit so viel Wasser, daß es drei Viertel des Topfes bedeckt.
Ist der Reis gar, den Topf vom Feuer nehmen und sofort in das vorbereitete Wasser stellen.
3-5 Minuten darin stehen lassen.

Herausnehmen und den Topf auf einen großen Teller kippen. Sollte der Reis nicht herauskommen, auf den Topf klopfen bzw. den Reis mit einem schmalen Spatel an den Seiten hochheben.
Sollte diesmal nur unten eine Kruste entstanden sein, dann diese dekorativ auf dem Reis verteilen und jedem Gast ein Stück anbieten.
Den *timman* mit anderen Gerichten servieren.

# Getreide

*Bauer Burghul und seine Verbündeten*

Burghul, vielleicht bekannter in seiner türkischen Variante Bulgur, ist geschälter, halbgar gedämpfter Weizen, der dann getrocknet und geschrotet wird. Es gibt ihn fein und grob geschrotet.

## Burghul und Tomaten

*burghul ib-banadura*

Für 4-5 Personen
Zubereitungszeit: 15 Min./Garzeit: 30 Min.

- 1 Tasse Burghul
- 3 reife Tomaten
- 1 Zwiebel
- ¼ Tasse Pflanzenöl
- Salz, Pfeffer
- *bhar* (Zimt-Muskatnuß-Gewürznelken-Mischung)
- Jungzwiebeln

Burghul waschen, in eine Schüssel geben und mit Wasser bedecken.
Tomaten schälen und in große Würfel schneiden.
Zwiebel fein schneiden.
Das Öl in einem Topf erhitzen und die Zwiebel darin glasig rösten.
Tomaten dazugeben, vermischen und 10 Minuten lang köcheln lassen.
Das Wasser mit den Händen aus dem Burghul herausdrücken, den Burghul und die Gewürze in den Topf geben.
Noch 2 Tassen Wasser hinzufügen.
Aufkochen, dann auf kleiner Flamme zugedeckt köcheln lassen, bis das Wasser ganz aufgesaugt ist (etwa 20 Minuten).
In einer Schüssel anrichten und mit geschnittenen Jungzwiebeln garnieren.

*Demut wirkt dem Stolz des Egos entgegen.
Demut ist weder eine sentimentale Haltung der
Unterwürfigkeit noch ein Verleugnen der Intelligenz.
Wahre Demut ist die Erkenntnis, daß jedes Geschöpf
in der Welt uns etwas lehren kann und daß darin
eine andere Vollkommenheit als die eigene lebt.*

## Burghul mit Kichererbsen und Tomaten

*burghul ma' hummus wu-banadura*

Für 4-6 Personen
Zubereitungszeit: 10 Min./Garzeit: 45 Min. + etwa 1½ Std. für die Kichererbsen
Kichererbsen über Nacht in Wasser einlegen und kochen

200 g Kichererbsen
¾ Tasse Burghul
2 Zwiebeln
2 reife Tomaten
Salz, Pfeffer
4 El Pflanzenöl

Tomaten schälen und fein schneiden.
Zwiebeln fein schneiden.
Öl in einem Topf erhitzen und die Zwiebeln darin glasig rösten.
Tomaten und 1 Prise Salz dazugeben, unter ständigem Umrühren breiig kochen.
Kichererbsen dazugeben und etwa 10 Minuten lang auf kleinster Flamme kochen; immer wieder umrühren.
Burghul, ¼ Liter Wasser, ½ Eßlöffel Salz und 1 Prise Pfeffer hinzufügen.
Gut vermischen und auf kleiner Flamme etwa 35 Minuten lang zugedeckt köcheln lassen.
Topf vom Feuer nehmen, ein Küchentuch zwischen Topf und Deckel geben und 10 Minuten an einem warmen Platz ziehen lassen.

Während des Kochprozesses kann natürlich das verwendete Geschirr abgewaschen oder die Waschmaschine gefüllt werden, oder aber man verwendet die Zeit für eine kleine Meditation, entweder auf dem Boden oder auf einem Stuhl:
Augen schließen, ruhig und tief bis in den Bauch hinein atmen. Spüre die Herzschläge und den Puls und entspanne immer mehr die einzelnen Körperteile. Bringe deine Aufmerksamkeit vor allem dorthin, wo du Verspannungen spürst, und atme mit einem Lächeln dort hinein!

## Burghul mit Champignons und Zwiebel

*burghul ib-fitir*

Für 5-7 Personen
Zubereitungszeit: 10 Min./Garzeit: 40 Min.

- 2 Tassen Burghul
- 2 Jungzwiebeln
- 6 Champignons
- 4 El Pflanzenöl
- 1 Tl Salz

Burghul in eine Schüssel geben, mit Wasser bedecken und 10 Minuten ziehen lassen.
Jungzwiebeln bis zum grünen Stiel hinauf schneiden.
Burghul in ein Sieb geben und mit der Hand das restliche Wasser herausdrücken.
Champignons waschen, abtrocknen und in Scheiben schneiden.
Öl in einem Topf erhitzen und die Jungzwiebeln ganz kurz anrösten.
Champignons dazugeben und ganz kurz anbraten.
Burghul und Salz hinzufügen, alles gut vermischen, 2¾ Tassen Wasser dazugießen, aufkochen und auf kleinster Flamme etwa 25 Minuten lang zugedeckt köcheln lassen.
Topf vom Feuer nehmen, ein Küchentuch zwischen Topf und Deckel geben und in einer warmen Ecke etwa 15 Minuten lang ziehen lassen, damit der Burghul schön aufgeht.

# Spinatkibbe

*kibbet sabanigh*

Für 4-5 Personen
Zubereitungszeit: 1 Std. 30 Min./Garzeit: 30 Min.

**Teig:**

3½ Tassen Mehl
1 Tasse feiner Burghul
1 Zwiebel
je ½ Tl Pfeffer, Zimt, Kumin
1½ Tl Salz

**Füllung:**

1 kg Spinat
2 Zwiebeln
Salz, Pfeffer
½ Tl Kardamom
⅓ Tasse Öl

**Teig:**

Burghul für eine Stunde in Wasser geben, damit er sich gut ansaugt und weich wird.
Danach herausnehmen und das Wasser gut herausdrücken.
Zwiebel fein schneiden.
Vermische Mehl, Burghul, Gewürze und die fein geschnittene Zwiebel mit Wasser zu einem weichen Teig.
Gut kneten.
Eine Backform mit Öl einfetten und mit der Hälfte des Teiges auslegen (die andere Hälfte kommt auf die Füllung).

**Füllung:**

Spinat waschen, die Stiele entfernen und schneiden.
Zwiebeln fein schneiden.
Öl erhitzen und die fein geschnittenen Zwiebeln glasig rösten.
Spinat und Gewürze dazugeben und gar kochen.
Die verbliebene Flüssigkeit herausdrücken.
Die Füllung auf dem Teig ausbreiten und mit der zweiten Hälfte des Teiges bedecken.
Mit einem scharfen Messer ein schräges Gittermuster in die Teigoberfläche schneiden.
Mit etwas Butter beschmieren und bei 400 Grad etwa 30 Minuten lang im Ofen backen.

**Rosinen**
Rosinen tragen einen angenehmen Geschmack zum Essen bei. Müdigkeit verschwindet, die Nerven werden gestärkt. Rosinen besänftigen den Zorn und erfrischen das Aussehen. Sie sind gut für Leber und Magen.

## Kartoffelkibbe

*kibbet batata*

Für 4-6 Personen
Zubereitungszeit: 40 Min./Garzeit: 25 Min.

**Teig:**
1½ kg Kartoffeln
1 Tasse Burghul
½ Tasse Mehl
1 große Zwiebel
1 Tl Salz
*bhar* (Zimt-Muskatnuß-Gewürznelken-Mischung)

**Füllung:**
½ Tasse Walnüsse
¼ Tasse Rosinen
½ gepreßte Zitrone
2 Zwiebeln
Salz, Pfeffer
¼ Tl Kardamom
¼ Tl Zimt
¼ Tl Cayennepfeffer

**Teig:**
Kartoffeln kochen und zu Püree verarbeiten.
Burghul waschen und kurz in Wasser einlegen, dann das zusätzliche Wasser ausdrücken.
Zwiebel ganz fein schneiden.
Kartoffelpüree mit Burghul, Zwiebel, Mehl, Salz und *bhar* gut vermischen und zu einem weichen Teig kneten.
Eine Backform einfetten und die Hälfte des Teiges darauf ausbreiten (die andere Hälfte kommt auf die Füllung).

**Füllung:**
Walnüsse in kleine Stücke zerbrechen.
Zwiebeln fein schneiden.
Öl erhitzen und die Zwiebeln glasig rösten.
Walnüsse, Rosinen, Zitronensaft und Gewürze dazugeben, gut vermischen und kurz anrösten.
Die Füllung abkühlen lassen, auf dem Teig ausbreiten und mit der zweiten Teighälfte zudecken.
Mit etwas Butter bestreichen und etwa 25 Minuten lang im Ofen backen.

*Intelligenz ist der sprichwörtliche Vogel*
*mit nur einem Flügel;*
*kommt Intuition dazu,*
*so wächst der andere Flügel,*
*und der Flug beginnt.*

# Pferdebohnen mit Burghul

*ful achdar ib-burghul*

Für 4-6 Personen
Zubereitungszeit: 15 Min./Garzeit: 25 Min.

- 1 kg frische grüne Pferdebohnen
- 1 Tasse Burghul
- 3 gepreßte Knoblauchzehen
- ¼ Tasse Öl
- Salz
- ½ Tasse Mandelsplitter oder Pinienkerne

Pferdebohnen waschen und in drei Teile schneiden.
Die Hälfte des Öls in einem Topf erhitzen, Bohnen und Knoblauch darin kurz anbraten, sodaß sie mit Öl bedeckt sind.
Burghul und Salz hinzufügen, mit Wasser bedecken, aufkochen und auf kleiner Flamme zugedeckt gar kochen.
Den Topf vom Feuer nehmen, ein Küchentuch zwischen Topf und Deckel geben und 10 Minuten ziehen lassen.
Währenddessen Mandelsplitter bzw. Pinienkerne im restlichen Öl hellbraun anrösten.
Burghul in einer Schüssel anrichten und mit den Nüssen garnieren.
Mit Joghurt oder Salat servieren.

# Suppen

*Der wärmende See*

**Der Unterschied zwischen Himmel und Hölle**

*Ein Gläubiger kam zu einem Meister und fragte: „Wo ist die Hölle und wo ist der Himmel?“*

*Ohne mit Worten zu antworten, nahm ihn der Meister an der Hand und führte ihn in einen Palast, in dem sich viele Menschen drängten. Manche waren in Lumpen gehüllt und andere mit Edelsteinen geschmückt. In der Mitte des Saales stand ein großer Topf voll mit wohlduftender, brodelnder Suppe; um diesen drängten sich die hohlwangigen, hungrigen Menschen, und jeder versuchte, mit seinem Löffel, der so groß war wie der Mensch, der ihn trug, die Suppe zu erreichen. Nur der hinterste Teil des Löffelstiels bestand aus Holz, der Rest war aus Eisen und durch die Suppe glühend heiß. Gierig stocherten sie im Topf und versuchten, ihren Teil herauszuholen. Da aber die Löffel so lang und schwer waren, bekam sie niemand zum Mund. Im Gegenteil – in ihrem gierigen Eifer schütteten sie sich gegenseitig die Suppe über die Schultern, verbrannten sich die Arme und gingen mit den Löffeln, die ihren Hunger hätten stillen sollen, aufeinander los und schlugen damit aufeinander ein.*

*Der Meister sagte: „Dies ist die Hölle.“*

*Dann ging er mit dem Mann in einen anderen Saal. Auch hier waren viele Menschen, und auch hier stand ein Topf mit Suppe, und jeder hatte einen dieser riesigen Löffel bei sich. Doch die Menschen hier waren wohlgenährt, und Zufriedenheit weilte zwischen ihnen.*

*Jeweils zwei Menschen hatten sich zusammengetan. Einer tauchte den Löffel in die Suppe und fütterte den anderen. War der eine gesättigt oder müde, kam der andere dran.*

*Der Meister sagte zu seinem Begleiter: „Dies ist der Himmel.“*

# Kürbissuppe

*shorbat qar'a*

Für 6 Personen
Zubereitungszeit: 15 Min./Garzeit: 20 Min.

- 2½ kg Riesenkürbis
- 750 ml Wasser oder Gemüsebrühe
- 750 ml Milch
- gemahlener Pfeffer
- 100 g getrocknete rote Chilischoten
- 6 gepreßte Knoblauchzehen
- ¼ Tasse Salz
- ⅓ Tasse gemahlener Koriander
- ¼ Tasse gemahlener Kreuzkümmel
- 100 ml Olivenöl

Kürbis schälen, die Samen und das Fasrige in der Mitte entfernen und den Kürbis in etwa gleich große Stücke schneiden.

Kürbis, Wasser bzw. Brühe und Milch in einem Topf köcheln lassen, bis der Kürbis weich ist (etwa 20 Minuten).

Kürbismischung pürieren und Pfeffer hinzufügen.

Chilischoten halbieren und in heißem Wasser einweichen.

Knoblauch, Salz, Koriander, Kreuzkümmel und Chilischoten zu einer Paste vermahlen und das Öl hinzufügen.

Alles gut vermischen und in die Suppe hineinrühren.

Etwas Crème fraîche oder Sahne macht die Suppe besonders cremig.

# Linsensuppe

*shorbat 'adas*

Für 5-6 Personen
Zubereitungszeit: 20 Min./Garzeit: 25 Min.

- 1 Tasse rote Linsen
- 1 Zwiebel
- ¼ Tasse Olivenöl oder 3 El Butter
- 1 Tl Kumin
- Salz, Pfeffer

Linsen waschen, mit kochendem Wasser bedekken und 15 Minuten lang stehen lassen.
In einem Sieb abtropfen lassen.
Zwiebel schälen und schneiden.
Öl bzw. Butter in einem Topf erhitzen und Zwiebel darin goldbraun rösten.
Linsen hinzugeben, mit 1 Liter Wasser bedekken, aufkochen und auf kleiner Flamme köcheln lassen, bis die Linsen gar sind (etwa 25 Minuten).
Salzen und pfeffern.
Die Suppe in der Küchenmaschine glattpürieren und in den Topf zurückgeben.
Wenn nötig, etwas Wasser hinzugeben.
Leicht köcheln lassen, bis die Suppe eindickt.
Kumin dazugeben und abschmecken.

# Spinat-Linsen-Suppe

*shorbat 'adas wu sabanigh*

Für 4-6 Personen

Zubereitungszeit: 10 Min./Garzeit: 40 Min.

2 Tassen braune Linsen
1 kg Spinat
1 Zwiebel
2 gepreßte Knoblauchzehen
2 El frischer Koriander
Gemüsewürfel

Linsen waschen, in einen Topf geben, mit Wasser bedecken und gar, aber noch kernig köcheln lassen.
Spinat waschen, entstielen und in dünne Streifen schneiden.
Koriander waschen und fein schneiden.
Zwiebel fein schneiden.
Etwas Öl erhitzen, Zwiebel und Knoblauch goldbraun rösten.
Spinat dazugeben und einige Minuten lang garen lassen.
Linsen, Koriander, Gemüsewürfel und ½ Liter Wasser hinzufügen.
Etwa 15 Minuten lang unbedeckt köcheln lassen.
Heiß servieren.

*Berührst du einen Gegenstand mit tiefer Bewußtheit,*
*dann berührst du alles.*
*Berührst du einen Moment mit tiefer Bewußtheit,*
*berührst du alle Momente.*
*Liebst du einen Menschen aus tiefem Herzen,*
*so verstehst du alle Menschen.*

# Kichererbsensuppe

*shorbat hummus*

Für 4-5 Personen
Zubereitungszeit: 20 Min./Garzeit: 2 Std. 30 Min.

300 g Kichererbsen
2 Zwiebeln
2 Kartoffeln
1 Tl Kumin
1 Tl Koriander
1 Prise Cayennepfeffer
Salz, Pfeffer
2 El Zitronensaft

Kichererbsen über Nacht in Wasser einlegen.
Im Sieb abtropfen lassen und waschen.
Zwiebeln schälen und schneiden.
Kichererbsen und Zwiebeln in einen Topf geben, mit 1½ Liter Wasser bedecken und zum Kochen bringen.
Den Topf zudecken, einen Schlitz frei lassen und 1½ Stunden köcheln lassen.
Kartoffeln schälen und in Würfel schneiden.
Kartoffeln, Kumin, Koriander, Cayennepfeffer, Pfeffer und Salz sowie etwa 200 ml Wasser hinzufügen.
Aufkochen und auf kleiner Flamme eine weitere Stunde köcheln lassen.
Immer wieder umrühren.
Abschmecken, eventuell 2 Eßlöffel Zitronensaft dazugeben.
Mit Brot, Oliven und Salat servieren.

# Gemüsesuppe

*shorbat chudar*

Für 5-6 Personen
Zubereitungszeit: 20 Min./Garzeit: 40 Min.

- 2 El Butter oder 3 El Pflanzenöl
- 2 Karotten
- 2 Tomaten
- 1 Kartoffel
- 4 Stiele Sellerie
- 5-7 Spinatblätter
- 1 Zwiebel
- ¼ Bund Petersilie
- Salz, Pfeffer

Gemüse waschen und schneiden.
Butter bzw. Öl in einem Topf erhitzen, Zwiebel, Karotten und Sellerie kurz darin anrösten.
3 Tassen Wasser, Tomaten, Kartoffeln, Spinat, Salz und Pfeffer dazugeben.
Aufkochen und auf kleiner Flamme etwa 35 Minuten lang gut zugedeckt köcheln lassen.
Abschmecken und mit feingeschnittener Petersilie garnieren.
Mit Brot servieren.

# Saucen

*Der Fluß des Gaumens*

Die Saucen sind einfach und eignen sich wunderbar als „dip“ für rohes Gemüse, mit Fladenbrot oder als Beilage zum Hauptgericht.

## Petersilie in Sesampaste

*ba'dunsiyye*

- 1 Tasse Sesampaste *tahine*
- ½ Tl Salz
- 1 Bund Petersilie
- ½ Tasse Zitronensaft
- 1 El Wasser
- 3 gepreßte Knoblauchzehen

Knoblauch und Salz vermischen und zur *tahine* und dem Zitronensaft geben.
Petersilie ganz fein hacken und waschen.
Alles gut miteinander vermengen.
In einer schönen Schale servieren und mit einigen Petersilieblättern garnieren.

# Knoblauchsauce

*salsit tum*

5 gepreßte Knoblauchzehen
¾ Tasse Olivenöl
½ El Zitronensaft
½ Scheibe Weißbrot ohne Rinde

Brot in eine kleine Schüssel mit Wasser geben und ansaugen lassen.
Das Wasser herausdrücken und das Brot in einer Schale zerbröckeln.
Knoblauch und Salz vermengen.
Zitronensaft und Olivenöl dazugeben und alles gut vermischen, bis der Knoblauch weich wird.
Mitsamt den Brotbröckchen in einer Küchenmaschine zu einer cremigen Sauce vermengen.
Eventuell etwas Wasser oder Zitronensaft hinzufügen.

*Das kostbarste Geschenk,*
*das wir unseren Kindern geben können,*
*ist unser eigenes Glück.*

# Tahina-Sauce

*taratur*

½ Tasse Sesampaste *tahine*
2 gepreßte Knoblauchzehen
4 El Zitronensaft
½ Tl Salz
3 El Wasser

Knoblauch und *tahine* in einer Schale vermischen.
Zitronensaft dazugeben und wieder gut vermischen.
Salz sowie nach und nach Wasser untermengen und cremig verrühren.
Kosten und eventuell den Geschmack regulieren.
Man kann auch alles in einer Küchenmaschine vermengen.

*„Was ist ein Freund?" – „Ein anderes Ich."*

Zeno

# Paprika-Knoblauch-Sauce

*salsit tum wu filfil*

2 Knoblauchzwiebeln
1-2 grüne Paprika
½ Tasse Olivenöl
½ Bund Petersilie
Salz, Pfeffer

Knoblauch aufbrechen und schälen.
Paprika in Scheiben schneiden.
Petersilie grob schneiden.
Gemeinsam mit dem Olivenöl in einer Küchenmaschine zerkleinern, aber nicht pürieren.
Abschmecken, nach Geschmack Salz und Pfeffer dazugeben.
In einer kleinen Schale servieren.
Hält sich in einem Glasbehälter sehr lange im Kühlschrank.

# SALATE

*Gedichte in Grün*

*Bevor du eine Frucht mit dem Messer zerteilst,*
*kündige es ihr im Namen der Einheit an,*
*damit sie Zeit hat, sich hinzugeben.*

## Tomaten-Petersilie-Burghul-Salat

*tabbouleh*

Für 4-6 Personen
Zubereitungszeit: 40 Min.

- ½ Tasse feiner Burghul
- 4 Bund Petersilie
- 1 Bund frische Minze
- 3 Tomaten
- 1 große Zwiebel
- ¾ Tasse Olivenöl
- ½ Tasse Zitronensaft
- Salz, schwarzer Pfeffer
- *bhar* (Zimt-Muskatnuß-Gewürznelken-Mischung)
- frische Salatblätter zum Dekorieren

Burghul in eine Schüssel geben, mit Wasser bedecken und etwa 20 Minuten ziehen lassen. Das Wasser mit den Händen herausdrücken und den Burghul mit dem Zitronensaft vermischen.
Petersilie und Minze sehr fein schneiden, waschen und zur Seite stellen.
Tomaten in ganz kleine Würfel schneiden und zum Burghul hinzufügen.
Zwiebel fein schneiden und mit den Gewürzen vermischen.
Petersilie, Minze, Zwiebel, Tomaten und Burghul vermischen und das Olivenol hinzufügen. Die Schüssel mit Salatblättern verzieren.

**Grüner Kopfsalat**

Grüner Kopfsalat ist das beste aller Gemüse. Er besänftigt ein schweres Gemüt. Doch zuviel davon schwächt das Augenlicht.

# Brotsalat

*fattusch*

Für 4-6 Personen
Zubereitungszeit: 25 Min.

1 trockenes Fladenbrot
½ kg Gurken
½ kg Tomaten
3 Radieschen
5 Blätter grüner Salat
1 Zwiebel
1 Bund frische Minze
1 Bund Petersilie

**Dressing:**
3 Jungzwiebeln
2 gepreßte Knoblauchzehen
½ Tasse Zitronensaft
2 El Essig
⅔ Tasse Olivenöl
2 Tl Salz
½ Tl Pfeffer

Brot in kleine Stücke brechen und in ein wenig Olivenöl rösten, abtropfen lassen und zur Seite legen.
Die Brotstücke können auch im Backofen geröstet werden.
Gemüse und Kräuter grob schneiden und mit dem Brot in einer Schüssel vermischen.

**Dressing:**
Gepreßten Knoblauch, Zitronensaft, Essig, Olivenöl, Salz und Pfeffer vermischen und über den Salat gießen.
Abschmecken, eventuell noch etwas Zitronensaft hinzufügen.

*Schlecht gelaunt!?*
*Nimm ein bißchen Zitronensonnenschein!*

Zitrone stärkt das Herz, vertreibt schlechte Laune und Trauer, stillt den Hunger und verlangsamt die Gallenflüssigkeit.

# Zitronensalat

*salatit hamud*

Für 4 Personen
Zubereitungszeit: 15 Min.

3 Zitronen
½ Tasse grüne Oliven
½ Tasse schwarze Oliven
½ Tasse frische Petersilie
1 El Olivenöl
Salz, Pfeffer

Zitronen schälen, in Scheiben und diese wiederum in 4 Teile schneiden.
Oliven entkernen und teilen.
Petersilie fein schneiden.
Zitrone, Oliven, Petersilie mit Olivenöl, Salz und Pfeffer in einer Schüssel vermischen.
Mit Fladenbrot servieren.

**Kleine innere Bauchgymnastik**

Verteile dein Gewicht auf beide Beine. Die Knie weich entspannt halten.
Zieh den Bauch ein und drücke ihn wieder heraus.
Immer wieder, so werden der Bauch und der Darm massiert und geknetet.
Energie und Schwung verbreiten sich so im Bauch.
Atme dabei ganz normal!

# Linsensalat

*salatit ʿadas*

Für 4 Personen
Zubereitungszeit: 15 Min./Garzeit: 45 Min.

- ½ kg grüne Linsen
- 4 Jungzwiebeln oder 1 große Zwiebel
- ¼ Tasse Zitronensaft
- ¼ Bund Petersilie
- Salz, Pfeffer
- 1 Tl Kumin
- 4 El Olivenöl

Linsen in einen Topf geben, Kumin und 1 Teelöffel Salz dazugeben, mit Wasser bedecken. Aufkochen lassen und die Linsen auf kleiner Flamme weich kochen (etwa 45 Minuten); danach abkühlen lassen.
Zwiebel und Petersilie kleinschneiden.
Zitronensaft, Pfeffer, Zwiebel, Salz, Olivenöl und Petersilie mit den Linsen vermengen.
Kann warm oder kalt gegessen werden und hält sich im Kühlschrank mehrere Tage lang.

**Radieschen**
Radieschen reinigen die Brust und den Magen, helfen bei der Verdauung, lösen Blähungen und beruhigen den Magen auf sanfte Weise. Radieschen bringen Farbe ins Gesicht, fördern den Haarwuchs und stärken die Knochen.

## Radieschensalat

*salatit fijil*

Für 4 Personen
Zubereitungszeit: 10 Min.

- 5 Radieschen
- 1 grüner Paprika
- 1 gepreßte Knoblauchzehe
- 2 El Olivenöl
- 1 Tl Zitronensaft
- Salz

Radieschen in Scheiben schneiden, Paprika kleinschneiden.

**Dressing:**
Öl mit Zitronensaft, der gepreßten Knoblauchzehe und Salz gut vermischen und über den Salat gießen.
In einer Schale servieren.

**Petersilie**

Das Essen von Petersilie kurz vor dem Schlafengehen läßt dich am nächsten Morgen mit einem frischen und angenehmen Atem aufstehen und schützt außerdem vor Zahnschmerzen.

*Für einen frischen Teint:* Eine Handvoll Petersilie in 1 Liter Wasser 15 Minuten lang kochen und als lauwarme Lotion morgens und abends verwenden. Dies hilft gegen Pickel und Unreinheiten im Gesicht.

*Folgendes Rezept hilft beim Ausscheiden von Harnsand und bei Menstruationsunregelmäßigkeiten:* 50 g Petersilie (Blätter, Stiele oder Samen) 5 Minuten lang in 1 Liter Wasser kochen oder 15 Minuten lang in heißem Wasser einweichen. Täglich vor dem Essen 2 Tassen davon trinken.

Infektionen oder Schmerzen der Brust, durch Stillen verursacht, können durch Petersilie-Kompressen gelindert werden.

Petersilie fördert die Verdauung und entwässert.

Petersilie stimuliert auch die Lust.

Petersilie sollte man nur mit warmem Wasser waschen, sonst verliert sie Saft und Aroma. Welk gewordene Petersilie wird wieder frisch, wenn man sie kurz in warmes Wasser legt.

# Auberginensalat/Melanzanisalat

*salatit batinjhan*

Für 4-6 Personen

Zubereitungszeit: 30 Min.

- 2 große Auberginen/Melanzani
- 1 Bund Petersilie
- 3 Jungzwiebeln
- 1 Zwiebel
- 3 gepreßte Knoblauchzehen
- ½ Tasse Zitronensaft
- ⅔ Tasse Olivenöl
- 1 Tl Salz
- ½ Tl Pfeffer
- 1 Chilischote
- Fladenbrot

Auberginen auf einer Gabel über die offene Flamme halten und rösten, bis die Schale Bläschen bekommt und sich leicht abziehen läßt. Oder mit der Gabel Löcher in die Auberginen stechen, damit der Dampf abziehen kann, und im Backrohr grillen, bis sich die Schale abziehen läßt.

Schale unter kaltem Wasser entfernen.

Auberginen abtrocknen und pürieren.

Petersilie, Chilischote, Zwiebel und Jungzwiebeln fein schneiden, mit Zitronensaft, Olivenöl, Salz und Pfeffer vermischen und mit dem Auberginenpüree vermengen.

Mit Fladenbrot servieren bzw. kleine Fladenbrotstücke mit dem Püree vermengen.

*Es dauert lange, bis man jung wird.*
Pablo Picasso

# Kartoffelsalat/Erdäpfelsalat

*salatit batata*

Für 4-6 Personen
Zubereitungszeit: 20 Min.

- 4 mittelgroße gekochte Kartoffeln/Erdäpfel
- 3 hartgekochte Eier
- ½ Bund Petersilie
- ½ Bund Schnittlauch
- 1 Zwiebel
- Saft einer Zitrone
- 2 El Olivenöl
- 1 Tl Salz
- ½ Tl Pfeffer

Gekochte Kartoffeln schälen und in Scheiben schneiden.
Petersilie und Schnittlauch fein schneiden, Zwiebel schneiden und alles vorsichtig mit den Kartoffeln in einer Schüssel vermengen.

**Dressing:**
Zitronensaft, Olivenöl, Salz und Pfeffer vermischen und über den warmen Salat gießen.
Den Salat mit in Scheiben geschnittenen Eiern und Petersilie dekorieren.

*Deinen Körper gesund zu halten ist ein Ausdruck der Dankbarkeit dem gesamten Universum gegenüber – den Bäumen, den Wolken, den Sonnenstrahlen und allem anderen.*

## Rote-Rüben-Salat

*salatit schmandar*

Für 4 Personen
Zubereitungszeit: 15 Min.

- 1 kg gekochte rote Rüben
- 1 Bund Petersilie
- 2 große Zwiebeln
- 3 Tl Salz
- ½ Tasse Essig
- ½ Tasse Olivenöl

Zwiebeln in Ringe schneiden und in einer Schüssel mit Salz, Öl und Essig vermengen.
Die Rüben schälen, in kleine Würfel schneiden und der Mischung hinzufügen.
Alles gut vermischen.
Die Schüssel mit fein geschnittener Petersilie dekorieren.

**Honig**

Honig, mit heißem Wasser gemischt, mehrmals in kleinen Mengen genommen, ist das beste Heilmittel gegen Durchfall.
Der Prophet Muhammad sagte: „Eßt Honig! Denn es gibt kein Heim, in dem Honig vorzufinden ist, für das nicht von den Engeln bei Gott um Barmherzigkeit gebeten wird."
Honig besänftigt, stärkt den Körper und beruhigt die Nerven.
*Um die Haare zu kräftigen:* 4 Teile Honig mit 2 Teilen Olivenöl vermischen. Die Haare damit einige Minuten lang einreiben und dann für eine halbe Stunde auf einem warmen Platz – z.B. neben dem Ofen – sitzen. Mit Shampoo (flüssiger Seife) auswaschen.
Honig hilft Frauen in den ersten Schwangerschaftsmonaten, wenn sie dazu neigen, sich zu übergeben. Honig hilft auch gegen Übelkeit und Schwindelanfälle während der Schwangerschaft. Die werdende Mutter soll gleich am Morgen 3 Teelöffel Honig zu sich nehmen.
Die Bienen produzieren den besten Honig im Frühling, den zweitbesten im Sommer und die schwächste Qualität im Winter.

**Ingwer**
Ingwer hilft bei der Verdauung, heilt die Leber, wenn sie durch Kälte oder Feuchtigkeit geschwächt ist, stärkt die Potenz und öffnet die Venen.

## Karottensalat mit Gurken

*salatit jazar maᶜ chjar*

Für 3 Personen
Zubereitungszeit: 15 Min.

5 große Karotten
2 Gurken
50 g Rosinen
1 El Zitronensaft
½ Tl Ingwerpulver
½ Tl gemahlener Zimt
½ El Honig
60 ml (auch weniger) Olivenöl
Pfeffer
¼ Tasse Mandelblättchen

Karotten schälen bzw. abschaben und raspeln. Gurken in kleine Stücke schneiden, mit den Karotten vermischen und Rosinen hinzufügen.

**Dressing:**
Zitronensaft, Ingwer, Honig, Zimt, Olivenöl und Pfeffer in einer kleinen Schüssel vermischen – gut verrühren!

Mandelblättchen in einer Pfanne bei schwacher Hitze unter ständigem Rühren hellbraun rösten (auch hier Olivenöl verwenden).
Dressing über den Salat gießen.
Mit Mandelblättchen garnieren.

**Gurken**

Das Essen von Gurken senkt das Fieber.
Will man zunehmen, soll man Datteln mit Gurken essen.
Gurken heilen Hautirritationen und Juckreiz.
Der Saft der Gurken erfrischt und glättet die Haut.
*Bei Hautflecken:* Gurkenscheiben für einige Stunden in Milch einlegen und die Flecken mit dieser Lotion einreiben.
Menschen mit schwacher Leber sollten keine Gurken essen.

## Gurkensalat mit Pfefferminze

*salatit chjar maʿ naʿnaʿ*

Für 3 Personen
Zubereitungszeit: 15 Min.

- 3 Gurken
- ¼ Tasse feingehackte Pfefferminze
- ½ El Zitronensaft
- 40 ml Olivenöl oder Pflanzenöl
- ¼ Tl Pfeffer
- ½ Tl Orangenblütenwasser

Die Gurken, je nach Geschmack geschält oder ungeschält, in dünne Scheiben schneiden. Feingehackte Minze hinzufügen.

**Dressing:**
Zitronensaft, Öl, Pfeffer und Orangenblütenwasser in einer kleinen Schüssel vermischen, auf die Gurken gießen und sorgfältig unterheben.

**Garnieren:**
Orangenschalen in dünne Scheiben schneiden und in kochendem Wasser blanchieren, den Salat damit garnieren.

# Tomaten-Gurken-Salat

*salatit chjar ib-banadura*

Für 4-5 Personen
Zubereitungszeit: 20 Min.

4 Tomaten
4 kleine Gurken
1 kleine Zwiebel
½ Bund Petersilie
½ Bund frische Minze
1 Zweig frisches oder 1 Tl getrocknetes Basilikum
4 Tl Olivenöl
2 gepreßte Knoblauchzehen
1 Tl Essig bzw. 3 Tl Zitronensaft
Salz

Tomaten in Würfel schneiden.
Gurken und Zwiebel schälen und in kleine Würfel schneiden.
Petersilie, Minze und Basilikum grob schneiden, alles in eine Schüssel geben.

**Dressing:**
Gepreßte Knoblauchzehen mit etwas Salz gut vermischen, Öl und Essig bzw. Zitronensaft hinzufügen.
Über den Salat gießen und vermengen.

Gleich servieren.

Ein Mensch, der seinen Platz als ein unendlich kleines Teilchen eines ungeheuren, unendlichen Universums akzeptiert hat und sich diesem Meer des unendlich Vielen anheimgeben kann, hat sich ebenso für einen Prozeß des Erwachens seiner eigenen inneren Wirklichkeit geöffnet, diesen ganzen Kosmos in sich aufzunehmen.

*Ich ging an das Ufer des Ozeans*
*und hatte einen wunderbaren Anblick:*
*das Schiff im Meer*
*und das Meer im Schiff.*

## Tomaten-Zwiebel-Salat

*salatit banadura ib-basal*

Für 4-5 Personen
Zubereitungszeit: 10 Min.

3 mittelgroße Tomaten
2 Zwiebeln
2 Zweige frisches oder 2 Tl getrocknetes Basilikum
½ Zitrone gepreßt
3 El Olivenöl
Salz

Tomaten in kleine Würfel schneiden, Zwiebeln kleinschneiden, Basilikum zerkleinern.

**Dressing:**
Zitronensaft mit Olivenöl und Salz vermengen.

Dieser Salat wird meist mit dem Linsen-Reis-Gericht *mjadra* serviert.

# Tomaten-Walnuß-Salat

*salatit banadura wu jawz*

Für 4-5 Personen
Zubereitungszeit: 20 Min.

- 3 mittelgroße Tomaten
- 1 grüner Paprika
- 3 Jungzwiebeln
- ¼ Tasse Walnüsse
- ½ Bund frische Minze
- 4 El Olivenöl
- ½ Tasse Zitronensaft
- ½ Tasse entkernte schwarze oder grüne Oliven
- Salz, Pfeffer
- 2 Scheiben weißes Brot ohne Rinde

Brot in kleine Stücke teilen und in eine Schüssel geben.
Tomaten grob schneiden und mit etwas Salz vermischen.
Paprika grob schneiden, Zwiebeln und Minze kleinschneiden und alles in die Schüssel mit dem Brot geben.

**Dressing:**
Walnüsse zermahlen und Zitronensaft hinzufügen.
Salz, Pfeffer und Olivenöl dazugeben und über den Salat gießen.

Den Salat mit Oliven garnieren.

# Gurken-Joghurt-Walnuß-Salat

*salatit chjar ib-jawz wu laban*

Für 4 Personen
Zubereitungszeit: 15 Min.

3 Gurken
½ Tasse Walnüsse
1 Becher Joghurt
1 kleine Zwiebel
2 gepreßte Knoblauchzehen
Salz, Pfeffer
½ Tl Kardamom
1 Prise Muskatnuß
Paprikapulver

Gurken schälen und in Würfel schneiden. Zwiebel fein schneiden, Walnüsse zermahlen. In einer Schale vermengen.

**Dressing:**
Gepreßte Knoblauchzehen mit Salz, Pfeffer, Kardamom und Muskat vermengen. In den Salat mischen und Joghurt hinzugeben. Alles gut vermengen.

Den Gurkensalat mit Paprikapulver garnieren.

*Freiheit bedeutet Verantwortung.*
*Wird sie deswegen gefürchtet?*

# Kohl-Tomaten-Salat

*salatit malfuf wu banadura*

Für 4 Personen
Zubereitungszeit: 15 Min.

1 Kohlkopf
3 Tomaten
1 Zitrone
3 El Olivenöl
2 gepreßte Knoblauchzehen
¼ Bund Petersilie
Salz

Kohlblätter einzeln abnehmen und fein schneiden.
Tomaten würfelig schneiden und in eine Schüssel geben.

**Dressing:**
Petersilie fein schneiden.
Knoblauch mit Salz vermischen, Olivenöl und Zitrone hinzufügen.
Alles über den Salat gießen und gut vermischen.

**Thymian**
Thymian hilft wunderbar bei der Verdauung von schweren Gerichten. Thymian verschönert die Haut und befreit von Blähungen.
In Wasser gekochter Thymian mildert Insektenbisse. Wenn man diesen Absud rund um das Bett träufelt, hält er alle Arten von Insekten fern.

# Wilder-Thymian-Salat

*salatit zaʿtar*

Für 3 Personen
Zubereitungszeit: 10 Min.

1 Bund frischer Thymian
3 Jungzwiebeln
4 El Olivenöl
2 gepreßte Knoblauchzehen
1 El Zitronensaft
Salz

Thymianblätter waschen und abtropfen lassen. Jungzwiebeln in feine Ringe schneiden.

**Dressing:**
Knoblauch mit Olivenöl und Zitronensaft vermengen und Salz hinzufügen.
Die Thymianblätter in einer Schale ausbreiten und die Zwiebeln darauf verteilen.
Mit dem Dressing übergießen.

# Gurken-Joghurt-Salat

*salatit chjar maʿ laban*

Für 4 Personen
Zubereitungszeit: 10 Min.

- 2 Becher Joghurt
- 3 Gurken
- 1 Tl Salz
- 2-3 gepreßte Knoblauchzehen
- 1 Tl getrocknete Minze

Gurken schälen und in dünne Scheiben schneiden.
Knoblauch mit Salz und Minze mischen und in das Joghurt einrühren.
In einer Schüssel servieren und die Oberfläche mit getrockneter Minze garnieren.

**Gesunde Diät**

Eine gesunde Diät zu halten bedeutet, nicht nur achtsam die Nahrung zu wählen, die man zu sich nimmt, es bedeutet auch, darauf zu achten, welche Gedanken man zuläßt, welche Bücher man liest, welche Fernsehsendungen man ansieht, was man einkauft ... es bedeutet, allgemein achtsam zu sein und nicht zuviel zu konsumieren.

## Artischockensalat

*salatit charschuf*

Für 4 Personen
Zubereitungszeit: 30 Min./Garzeit: 45 Min.

4 Artischocken
½ Tasse Zitronensaft
½ Tasse Olivenöl
1 Tl Salz

Die äußeren Blätter und den Stiel der Artischokken entfernen.
Die Spitzen der anderen Blätter abschneiden.
Artischocken mit Wasser bedecken und 1 Prise Salz hinzufügen, um sie von Staub und eventuellem Ungeziefer zu reinigen.
Mit etwas Wasser abwaschen und auf den Kopf stellen, damit das Wasser abfließen kann.
Artischocken mit Wasser bedecken, etwas Salz und 1 Eßlöffel Zitronensaft dazugeben und etwa 45 Minuten lang kochen lassen, bis man die äußeren Blätter leicht herausziehen kann.
Herausnehmen und auf den Kopf stellen, damit das Wasser abfließt.
Zum Abkühlen in den Kühlschrank stellen.
Jede Artischocke in einen tiefen Teller legen und rundherum mit Zitronenscheiben dekorieren.

**Dressing:**
Olivenöl, Zitronensaft und Salz in einer kleinen Schale vermengen.
Die einzelnen Artischockenblätter abnehmen, in die Sauce eintunken und den weichen Teil essen. Das Herz der Artischocke aufschneiden und mit der Sauce essen.

*Wenn du es eilig hast, setze dich.*
chinesisches Sprichwort

# Kohl- und Rote-Rüben-Salat

*salatit malfuf wu schmandar*

Für 4-5 Personen
Zubereitungszeit: 20 Min.

1 kleiner Kohl
1 mittelgroße rote Rübe
einige gemahlene Walnüsse
Saft von 2 Zitronen
2 gepreßte Knoblauchzehen
3 El Nußöl oder anderes Pflanzenöl
Salz

Kohlblätter und die Rübe in ganz feine Scheiben schneiden und in eine Schüssel geben.

**Dressing:**
Knoblauch mit Salz, Zitronensaft und Nußöl vermengen, über die Kohl- und die Rübenscheiben gießen und gut vermischen.
Den Salat mit gemahlenen Walnüssen garnieren.

*Nütze deine Talente!*
*In den Wäldern wäre es ziemlich still,*
*wenn nur jene Vögel sängen,*
*die am besten singen.*
Oliver Wilson

# Gemischter Salat

*salata 'arabiyye*

Für 6-7 Personen
Zubereitungszeit: 20 Min.

½ kg Gurken
½ kg Tomaten
1 Kopf grüner Salat
4 Jungzwiebeln
4 Radieschen
1 Bund Petersilie
½ Bund frische Minze
¼ Tasse Zitronensaft
2 El Essig
½ Tasse (oder weniger) Olivenöl
Salz, Pfeffer
3 gepreßte Knoblauchzehen

Gurken, Tomaten und Radieschen in Würfel schneiden.
Jungzwiebeln und grünen Salat kleinschneiden.
Petersilie und Minze grob schneiden und in eine Schüssel geben.

**Dressing:**
Knoblauch, Salz und Pfeffer vermengen, Zitronensaft, Olivenöl und Essig hinzugeben, auf den Salat gießen und gut vermischen.

*„... und alle Arbeit ist leer, wenn die Liebe fehlt;*
*wenn ihr mit Liebe arbeitet,*
*bindet ihr euch an euch selbst und aneinander und an Gott."*
Khalil Gibran

# Gemischter Salat mit Sesampaste

*salata makhluta bit-thine*

Für 4-6 Personen
Zubereitungszeit: 20 Min.

2 eingelegte Gurken
4 kleine Gurken
2 mittelgroße Tomaten
1 Bund Radieschen
½ Bund frische oder getrocknete Minze

**Dressing:**
2 El Zitronensaft
1 El Olivenöl
2-3 El Sesampaste *tahine*
Salz

Gurken, Tomaten, Radieschen und Minze schneiden.

**Dressing:**
In einer Schale *tahine*, Zitronensaft, Olivenöl und Salz vermengen.
Falls die Paste zu dick ist, etwas Wasser hinzufügen.
Über den Salat gießen und kräftig vermischen, bis alles gut mit der Sauce überzogen ist.
In einer Schale servieren und mit einigen Minzblättern garnieren.

*Nur der hat das Recht auf Kritik,*
*der von Herzen hilfreich ist.*
Abraham Lincoln

# Gekochter Gemüsesalat

*salatit filfil wu banadura maslu'a*

Für 5-6 Personen
Zubereitungszeit: 20 Min.

3 große grüne Paprika
3 große reife, feste Tomaten

**Dressing:**
1 El Essig
Saft von ½ Zitrone
1 gepreßte Knoblauchzehe
½ Tasse Olivenöl
Salz, Pfeffer

Die Paprika halbieren, entkernen und mit der Schnittfläche nach unten grillen, bis die Haut Blasen wirft.
Abkühlen lassen, die Haut abziehen und die Paprika in kleine Stücke schneiden (traditionellerweise wird die Haut abgezogen, doch man kann sie auch ohne weiteres belassen).
Die Haut der Tomaten abziehen und die Tomaten in kleine Stücke schneiden.
Paprika und Tomaten vermischen.

**Dressing:**
Essig, Zitronensaft, Knoblauch, Olivenöl, Salz und Pfeffer verrühren.
Den Salat mit dem Dressing übergießen und vermischen.
10 Minuten ziehen lassen.

# Süßspeisen

*Die Süße des Moments*

Niemand soll im Stehen trinken oder essen.
Das verwirrt den Körper und raubt den Genuß.

*Alles, was in einer Konditorei angeboten wird, basiert auf dem Rohrzucker – arabisch* qand. *Im deutschen Sprachraum wurde aus dem* qand *zunächst der Kandelzucker, später setzte sich die jüngere Form Kandiszucker durch. Im 17. Jahrhundert entstand das Verb „kandieren". Kandieren bedeutete von da an, etwas mit Zucker zu überziehen oder auch mit Zucker, Mehl und anderen Ingredienzen Konfekt und Süßwaren herzustellen. Von daher kam das Wort Kanditor und Kanditorei, das später zu Konditorei wurde.**
*Nicht zu vergessen der Zucker, der auf dem arabischen Wort* sukkar *basiert.*

## Kandierte Früchte

*fawakih ib-sukkar il-qand*

Kandierte Früchte sind eine traditionelle Art, frische Früchte zu konservieren.
Die Idee dahinter ist, den Saft der Früchte allmählich durch Sirup zu ersetzen. Dies erfolgt etappenweise und dauert etwa 2 Wochen.
Es mag zwar aufwendig wirken, aber der tägliche Arbeits- und Zeitaufwand ist gering. Und das Resultat köstlich!
Man kann Birnen, Pflaumen, Orangen oder Aprikosen dazu verwenden. Jede Frucht für sich kandieren.
Wichtig dabei ist, das man weder zu harte noch zu reife Früchte verwendet.
Man kann die Früchte halbieren oder ganz lassen.

**1. Tag:**
Die Früchte in einen Topf geben, mit Wasser bedecken und kochen, bis sie weich werden.

* Vgl. Heller, Erdmute: Arabesken und Talismane. Geschichte und Geschichten des Morgenlandes in der Kultur des Abendlandes. München 1993, S. 126.

Die Früchte herausnehmen und in jede Tasse der Flüssigkeit 12 Eßlöffel Zucker geben.
Die Früchte in einen Behälter geben und den Sirup darüber gießen, sodaß sie bedeckt sind.
Falls nicht genug Sirup vorhanden ist, noch etwas davon zubereiten.
24 Stunden ruhen lassen.

**2. Tag:**
Den Sirup in einen Topf geben, 3 Eßlöffel Zucker hinzufügen und wärmen, sodaß sich der Zucker auflöst.
Den Sirup zu den Früchten gießen und weitere 24 Stunden ruhen lassen.

**3. + 4. Tag:**
Diesen Prozeß in den nächsten 2 Tagen wiederholen – also Sirup in den Topf, 3 Eßlöffel Zucker dazu, wärmen, damit sich der Zucker auflöst, und zu den Früchten gießen.

**5. Tag:**
Den Sirup wieder in den Topf geben, diesmal 5 Eßlöffel Zucker darin auflösen, auch die Früchte hinzugeben und 5 Minuten lang köcheln lassen.

**6. + 7. Tag:**
Früchte und Sirup zurück in den Behälter geben und diesmal 48 Stunden ruhen lassen.

**8. Tag:**
Sirup wieder in den Topf geben, 5 Eßlöffel Zucker hinzufügen, auflösen, die Früchte dazugeben und 5 Minuten lang köcheln lassen.
Jetzt 4 Tage ruhen lassen.

**13. Tag:**
Die Früchte aus dem Sirup herausnehmen, auf ein Küchengitter legen und an einem luftigen Platz trocknen lassen.

Der Trocknungsprozeß dauert je nach Frucht zwischen 48 und 72 Stunden.
Man kann die Früchte auch noch glasieren, damit sie appetitlich strahlen!

**Glasieren:**
½ kg Zucker in einer ½ Tasse Wasser auflösen und zum Kochen bringen.
½ Liter Wasser zum Sieden bringen.
Die Früchte erst ins heiße Wasser und dann in den heißen Sirup eintauchen.
Auf ein Küchengitter legen und im Ofen bei 120 Grad trocknen.

**Lippen**

Lippen sind die Öffnung zu Magen und Milz.
Wenn die Lippen spröde sind oder man zu Lippenbläschen neigt, ist dies ein Hinweis darauf, daß Milz und Magen sich in keinem guten Zustand befinden.

● ● ● ●

**Reinigung der Milz und des Magens**

Milz und Magen nehmen die Nahrungsmittel auf und wandeln sie in Säfte und Blut um, um so den ganzen Körper zu nähren.

Setze dich aufrecht auf einen Stuhl.
Atme einige Male ruhig durch und sammle dich in deiner Mitte.
Forme ein Lächeln auf deinen Lippen und führe dieses Lächeln nach innen zu deiner Milz und zu deinem Magen.
Atme tief ein, und beim Ausatmen drücke mit den Fingerkuppen der beiden Hände in den Bereich von Magen und Milz sanft hinein (das ist links vom Bauchnabel unterhalb der Rippen).
Man kann auch tiefer gehen, aber es soll nicht weh tun.
Mit dem Ausatmen bilde einen langgezogenen Spei- oder Würgelaut, der aus der Tiefe des Magens kommt.
Diese Übung eignet sich bei Völlegefühl und Blähungen nach dem Essen sowie zum Freisetzen von Winden (durch Aufstoßen oder Abgang).*

* Vgl. Piontek, Maitreyi D.: Das Tao der Frau. Energiearbeit, Selbstheilung, Sexualität. Kreuzlingen 1996, S. 99 f.

# Zuckersirup

*atr*

- 1 Tasse Zucker
- ½ Tasse Wasser
- 1 Tl Zitronensaft
- 2 El Orangenblütenwasser oder Rosenwasser

Wasser in einen Topf geben, Zucker hinzufügen und unter ständigem Rühren zum Kochen bringen.
Hitze reduzieren, Zitronensaft dazugießen und so lange köcheln lassen, bis der Sirup am Löffelstiel haften bleibt.
Orangenblütenwasser bzw. Rosenwasser hinzugeben und Nachspeisen damit süßen.

**Hinweis:**
Der Sirup läßt sich längere Zeit im Kühlschrank aufbewahren und kann immer wieder aufgewärmt werden.

**Orangenblütenwasser**
Orangenblütenwasser stärkt den Kopf, hilft gegen leichtes Kopfweh und befreit den Körper von Blähungen.

# Milchpudding

*mhallabiyyeh*

Für 5-6 Personen
Zubereitungszeit: 25 Min.

- 4 Tassen Milch
- 2 El Maisstärke
- ½ Tasse Zucker
- 1½ Tl Orangenblütenwasser
- ½ Tl Rosenwasser

Milch in einem Topf zum Kochen bringen.
Maisstärke in etwas Wasser auflösen und dazugeben.
Über einer kleinen Flamme die Milch etwa 15 Minuten lang umrühren, bis sie eindickt.
Zucker dazugeben und weiter umrühren.
Wenn der Pudding am Löffelstiel haften bleibt, Orangenblüten- und Rosenwasser hinzugeben und weitere 2 Minuten umrühren.
Den Pudding auf mehrere kleine Schalen aufteilen und abkühlen lassen.
Mit Nüssen oder Kokossplittern garnieren.

*Liebe ist wichtiger als Gelehrsamkeit.
Trotzdem muß der neugierige Geist mit einigen Fakten gespeist werden, damit er nicht in seinem Elend verhungert.**

# Joghurtkuchen mit Zitronensirup

*ka'ket laban*

Für 8-9 Personen
Zubereitungszeit: 20 Min./Backzeit:50 Min.

300 g Mehl
2½ Tl Backpulver
250 g Zucker
250 ml Joghurt
250 ml Milch
2 Eier
*atr* (siehe *atr*-Zuckersirup, allerdings mit 6 El Zitronensaft)

Joghurt, Milch und Eier in einer Schüssel gut vermischen.
Mehl, Backpulver und Zucker dazugeben, alles mit Schneebesen bzw. Rührgerät gut vermengen, bis der Teig nicht mehr klumpt.
Backrohr vorheizen.
Eine Backform (Durchmesser etwa 25 cm ) einfetten und den Teig hineinfüllen.
50 Minuten lang backen bzw. bis ein in die Mitte des Kuchens gesteckter Zahnstocher sauber herausgezogen werden kann.
Währenddessen den Sirup vorbereiten (siehe *atr*-Zuckersirup, allerdings mit 6 Eßlöffel anstatt mit 1 Teelöffel Zitronensaft zubereiten).
Die Schale einer unbehandelten Zitrone in ganz dünne Scheiben schneiden und mit dem Sirup kochen (wird später zum Garnieren verwendet).
Den Kuchen herausnehmen und die Hälfte des Sirups sofort darüber gießen.
Ruhen lassen.
Den Kuchen aus der Form nehmen.
Mit den Zitronenstreifen garnieren.
Den restlichen Sirup in einer Schale servieren, falls jemand den Kuchen süßer möchte.

* Vgl. Lamborn Wilson, Peter: Skandal. Ketzerei im Islam. Klagenfurt 1997, S. 20.

**Äpfel**

Süße Äpfel stärken die Leber, schützen das Herz, reinigen den Körper von Giftstoffen und gleichen den Blutdruck aus.
Ein Apfel pro Tag aktiviert den Magen, schützt vor Verdauungsproblemen und verhindert die Bildung von Nierensteinen sowie die Übersäuerung des Körpers.

## Backäpfel

*tuffah mhammar ma' atr*

Für 4 Personen
Zubereitungszeit: 15 Min./Backzeit: 15 Min.

4 große Äpfel
50 g kandierte Aprikosen/Marillen (siehe kandierte Früchte)
90 g Rosinen
gemahlene Walnüsse
*atr* (siehe *atr*-Zuckersirup)

Aprikosen/Marillen in ganz kleine Würfel schneiden und mit den Rosinen vermischen.
Äpfel quer halbieren und die Kerngehäuse entfernen.
Eine tiefe Backform einfetten und das Backrohr vorheizen.
Die Öffnungen in den Äpfeln mit der Aprikosen-Rosinen-Mischung füllen.
Etwas Zuckersirup über die Äpfel gießen, in die Backform geben und 15 Minuten lang backen. Immer wieder mit Sirup beträufeln.
Auf jeden Dessertteller einen Apfel legen, mit gemahlenen Walnüssen garnieren und noch einmal mit Sirup beträufeln.

*Der Beginn von Weisheit ist Geduld.*

# Walnußkekse

*ka'k ib-jawz*

Zubereitungszeit: 15 Min./Backzeit: 15-20 Min.
Ergibt etwa 30 Stück

200 g Butter
100 g Zucker
250 g Mehl
2 El Orangenblütenwasser

**Füllung:**
60 g gehackte Walnüsse
60 g Zucker
1 Tl Zimt

Butter und Zucker in einer Schüssel schaumig schlagen.
Mehl und Orangenblütenwasser dazugeben und gut vermischen.
Mit den Händen zu einem festen Teig kneten.

**Füllung:**
Alle Zutaten in einer kleinen Schüssel gut vermischen.

Ein Backblech einfetten und den Backofen auf 150 Grad vorheizen.
Je einen gehäuften Eßlöffel Teig zu einer Kugel formen und mit dem Daumen in der Mitte eine Mulde eindrücken.
Einen Teelöffel der Füllung hineingeben.
Die Kekse auf das Backblech legen und sanft flachdrücken, damit sie gut aufliegen.
15-20 Minuten lang backen, bis die Kekse zartbraun werden.
Auskühlen lassen.
Mit Kaffee, Tee oder als Beilage zu Eis servieren.

In vielen arabischen Ländern wird vor dem Essen eine große Schüssel mit den verschiedensten Obstsorten serviert. Die Gastgeberin setzt sich davor, schneidet bzw. schält das Obst und bietet es als Zeichen für die Hochschätzung des Gastes eigenhändig an.

**Bananen**

Bananen stärken die Potenz. Sie sind gut für jene mit Blutarmut und allgemeiner Schwäche, für schwangere und stillende Frauen, für Kinder und alte Menschen.
Menschen, die viel frieren, sollten Bananen mit Honig essen.
Die Banane kam mit den Arabern nach Spanien. Ihr botanischer Name „musa" kommt von dem arabischen *mawsa*.

**Erdbeeren**

Erdbeeren sind auch für einen schwachen Magen leicht verdaulich.
Erdbeeren sind reich an Mineralien, Kalzium, Eisen und Zucker.
Bei Blutverlust oder Blutarmut ist es gut, Erdbeeren zu essen. Sie sind gut für Gelenke, Niere, Leber und Galle.
*Als Gesichtsmaske:* Erdbeeren zu einer Paste verarbeiten, über Nacht auf das Gesicht geben und morgens mit Petersilie-Lotion abwaschen. Dies erfrischt die Haut und glättet Fältchen.
Erdbeersaft entfernt Karies sowie gelbe Flecken von den Zähnen und reinigt das Blut.

# Obstsalat

*salatit fawakih*

Für 6 Personen
Zubereitungszeit: 20 Min./Garzeit: 5 Min.

- 2 Äpfel
- 2 Birnen
- 2 Bananen
- 1 Schale Erdbeeren
- 1 gepreßte unbehandelte Orange
- ½ gepreßte Zitrone
- 1 El Orangenblütenwasser
- ½ El Rosenwasser
- frische Minzblätter
- Schale einer unbehandelten Orange oder Zitrone
- Staubzucker
- *atr* (siehe *atr*-Zuckersirup)

Äpfel, Birnen und Bananen in dünne Scheiben schneiden, in eine Schüssel geben und den Orangen- und Zitronensaft darübergießen.
Erdbeeren halbieren und dazugeben, Orangenblüten- und Rosenwasser hinzufügen.
Alles behutsam vermischen.
Abschmecken und bei Bedarf etwas Staubzucker dazugeben.
Die Schale der gepreßten Orange in ganz dünne Streifen schneiden und in etwas Zuckersirup *atr* 5 Minuten lang garen.
Den Obstsalat mit frischen Minzblättern und Orangenstreifen garnieren.

Süßes geht in die Milz, macht die Leber durchlässig und steigert die Energie. Das Herz wird angeregt und löst Freude und Entspannung aus.
Süßes baut auf, nährt und hebt kurzfristig die Energie, doch zu viel Zucker erzeugt Feuchtigkeit im Körper.

## Gebratenes Zimtbrot

*chubuz mhammar ib-qirfe*

Für 4-6 Personen
Zubereitungszeit: 15 Min./Backzeit: 10 Min.

- ½ Baguette
- 2 Eier
- 250 ml Milch
- ½ Tl Vanille
- 60 g Zucker
- 1 El Zimt
- ½ Tl gemahlene Muskatnuß
- Butter

Baguette schräg in 2 cm dicke Scheiben schneiden.
Eier, Milch und Vanille in einer Schüssel gut vermengen.
In einem tiefen Teller Zimt, Zucker und gemahlene Muskatnuß vermischen.
In einer Pfanne etwas Butter zerlassen.
Die Baguettescheiben in die Eier-Milch-Mischung eintauchen und in der Pfanne braten, bis beide Seiten goldbraun und knusprig sind.
Dann in der Zimtmischung wälzen, sodaß beide Seiten damit bedeckt sind.
Mit Kaffee oder Tee servieren.

**Orangen**

Orangen sind gut gegen Zahnfleischbluten.

Kompressen mit Orangenschalen helfen gegen Kopfschmerzen, wenn man sie 15 Minuten lang auf die Stirn gibt.

Die Mischung aus dem Saft einer halben Orange, einer halben Zitrone, einem Eidotter und einem Teelöffel Honig ist der beste Schutz gegen viele Krankheiten. Eine halbe Stunde vor dem Frühstück zu sich nehmen.

Babys kann man von der dritten Woche an Orangensaft geben. Er beinhaltet viele Mineralien und Vitamin C, das in den Milchprodukten fehlt. 1 Teelöffel pro Tag reicht.

Man kann bis zum 6. Monat die Menge auf 6 Teelöffel vergrößern. Die Hälfte davon am Morgen, den Rest am Abend. Dies hilft dem Kleinkind beim Zahnen.

Orangen helfen bei der Verdauung, da sie die Magensäure vermehren.

## Orangensalat

*salatit burd'an*

Für 6 Personen
Zubereitungszeit: 15 Min.

6 Orangen
9 Datteln, in Streifen geschnitten
¼ Tasse Mandeln, in Stifte geschnitten (fertig erhältlich)*
Orangenblütenwasser
1 Prise Zimt
einige Minzblätter

Orangen gut schälen, d.h., auch die weiße Schale entfernen. Die geschälten Orangen quer in Scheiben schneiden und auf einem Teller auflegen.

**Dressing:**

Datteln und Mandeln auf den Orangen verteilen, 1 Prise Zimt, ½ Teelöffel Orangenblütenwasser und schließlich, um das Bild zu vollenden, einige Blätter Minze hinzufügen.

* Selbst zubereitet: Mandeln in eine kleine Schüssel geben und mit kochendem Wasser bedecken. Einige Minuten stehen lassen, danach löst sich die Haut leichter. Die Mandeln mit einem scharfen Messer in Stifte schneiden.

Diese Halwa wird oft für Mütter in den ersten 40 Tagen nach der Geburt zubereitet. Sie schmeckt herrlich und ist eine sehr nahrhafte und stärkende Kombination – ideal für heranwachsende Kinder und aktive Erwachsene.

## Halwa

*halwa*

Für 6 Personen
Zubereitungszeit: 15 Min.

- 120 g Butter
- 120 g Vollkornmehl
- 6 El Zucker
- ¾ l Milch
- je 1 El Mandelsplitter, Pistaziensplitter, gehackte Kaschunüsse, Sultaninen

Eine quadratische Form (etwa 20 x 20 cm) mit Butter einfetten.
Die Milch auf kleiner Flamme zum Kochen bringen.
Den Rest der Butter in eine Pfanne geben und auf kleiner Flamme zerlassen.
Mandeln, Pistazien, Kaschus und Sultaninen hinzufügen.
Umrühren, bis die Sultaninen sich aufblähen und die Nüsse sich etwas dünkler färben.
Mehl hinzufügen und leicht anrösten.
Zucker und kochend heiße Milch dazugeben.
Umrühren und gut vermischen.
Die Mischung gleichmäßig in der Form verteilen.
Die Halwa kann warm oder kalt serviert werden.

*Ein Heim ohne Datteln*
*ist wie ein Heim ohne Nahrung.*

**Datteln**

Datteln stärken die Leber.
Ißt man sie auf nüchternen Magen, befreien sie von Würmern und sind gut gegen Durchfall.
Gemeinsam mit Zimt stärken sie die Lunge und öffnen die Brust.
Reife Datteln soll man vor und während der Geburt essen, da sie die Hormone aktivieren und der Gebärmutter beim Zusammenziehen helfen. Sie gleichen den Blutdruck während der Geburt aus und beruhigen die Nerven.
Als Paste aufgetragen, stoppen sie Hämorrhoidenblutungen.
Datteln stärken die Muskeln und verlangsamen den Alterungsprozeß.

## Walnuß-Dattel-Häppchen

*ranjinah*

Für 6 Personen
Zubereitungszeit: 15 Min.

500 g frische Datteln
½ Tasse Butter
¾ Tasse Mehl
1 Tl gemahlener Kardamom
Walnüsse

Datteln entkernen und in jede Dattel eine Walnuß geben.
Datteln auf einer Platte verteilen.
Butter in einer Pfanne zum Schmelzen bringen.
Mehl dazugeben und unter ständigem Umrühren goldbraun rösten.
Die Pfanne vom Feuer nehmen, Kardamom dazumischen und über die Datteln gießen.
Die Häppchen mit Kaffee oder Tee servieren.

# Dattelkekse

kletscha

Zubereitungszeit: 20 Min./Backzeit: 30 Min.
Ergibt etwa 30 Stück

3 Tassen Mehl
½ Tasse Staubzucker
250 g Butter
¼ Tasse Wasser
3 El Orangenblütenwasser oder Rosenwasser

**Füllung:**
250 g Datteln
2 El Butter

Mehl und Zucker in einer Schüssel vermischen.
Butter in kleine Stücke schneiden und mit den Händen ins Mehl hineinkneten.
Orangenblütenwasser bzw. Rosenwasser und Wasser dazugeben.
Alles gut vermischen und zu einem Teig formen.
Etwa 30 Minuten ruhen lassen.
Währenddessen die Datteln entkernen und kleinschneiden.
2 Eßlöffel Butter und die Datteln in eine Pfanne geben und die Datteln auf kleiner Flamme unter ständigem Umrühren erweichen.
Vom Feuer nehmen und zur Seite stellen.
Den Teig in walnußgroße Stücke teilen.
Jedes Stück Teig zu einem Täschchen ausrollen und 1 Teelöffel der Dattelfüllung hineingeben.
Die Dattelfüllung mit dem Teig zudecken und zu einem Bällchen formen.
Das Backrohr vorheizen.
Die Bällchen auf eine Backform legen und mit der Gabel daraufdrücken, sodaß sie flach werden und ein Muster erhalten.
Bei etwa 160 Grad 30 Minuten lang backen, bis die Dattelkekse zartbraun werden.
Herausnehmen, abkühlen lassen.
Sie werden dann hart und knusprig.

**Variante:**

Den Teig in zwei Stücke aufteilen und ausbreiten, bis er 1 cm dick und etwa 10 cm breit ist.
Die Dattelfüllung in zwei Hälften teilen und zu einer Wurst formen, etwas kürzer als der Teig.
Auf den Teig legen, mit der zweiten Teighälfte bedecken und die Enden zuklappen.
Mit der Gabel ein Muster hineindrücken und in etwa 5 cm breite Stücke schneiden.
Auf Backpapier legen und 30 Minuten lang backen (wie oben).
Mit Tee servieren.

# Süßer Couscous

*kuskus hilw*

Für 6-8 Personen
Zubereitungszeit: 15 Min./ Garzeit: 45 Min.

2 Tassen Couscous
½ Tasse zerlassene Butter
4 Tassen Wasser
Zucker bzw. Staubzucker
gemahlene Walnüsse oder Mandeln

Couscous in eine Schüssel geben und mit Wasser bedecken.
Umrühren und dann abseihen.
15 Minuten ruhen lassen.
Couscous im Dampfbad zubereiten:*
4 Tassen Wasser in einen Topf füllen, den Couscous in ein Sieb geben und dieses daraufsetzen. Das Sieb sollte so groß wie die Topföffnung sein und das Wasser nicht berühren.
Das Sieb mit einem Tuch bedecken, den Deckel darauflegen und die Tuchspitzen darüberklappen.
Aufkochen und 15 Minuten lang sieden lassen.
Couscous in eine Schüssel geben, mit den Händen sanft umrühren, 2 Eßlöffel Wasser hinzufügen und ins Sieb zurückgeben.
Wenn nötig, etwas Wasser dazugeben, aufkochen und weitere 30 Minuten köcheln lassen.
Couscous in die Schüssel geben und wieder mit den Händen umrühren, Bröckchen auseinandernehmen.
Der Couscous sollte jetzt weich, aber nicht klebrig sein.
Die zerlassene Butter sanft untermengen, bis sie gut verteilt ist.
Warm in kleinen Schüsselchen servieren und mit Zucker, gemahlenen Walnüssen oder Mandeln bestreuen.

* Spezialgeschirr zur Couscouszubereitung besteht aus einem großen Topf für die Gemüsebrühe und einem daraufsitzenden Sieb, in das der Couscous getan und mit einem Deckel zugedeckt wird.

Die Zitrone wurde von den Arabern in Sizilien eingeführt. Ihr in vielen europäischen Sprachen geläufiger Name kommt vom arabischen *laymun.*

# Zitroneneis

*budhat laymun*

Für 6-8 Personen
Zubereitungszeit: 5 Std.

4 unbehandelte Zitronen
3 Tassen Wasser
1 Tasse Zucker
1 Eiklar

Zitronen gut waschen und schälen, die weiße Haut nicht wegschneiden.
Die Zitronen auspressen; der Saft sollte eine ¾ Tasse füllen.
Zitronenschalen und Wasser in einen Topf geben und auf kleiner Flamme zum Kochen bringen.
10 Minuten (ohne Deckel) kochen lassen.
Vom Feuer nehmen, die Zitronenschalen herausfischen. Die Flüssigkeit sollte 2 Tassen ausmachen. Falls es nicht reicht, noch etwas Wasser hinzufügen.
Das Wasser wieder in den Topf geben und den Zucker hinzufügen.
Zum Kochen bringen und unter wiederholtem Umrühren 5 Minuten lang köcheln lassen.
Zitronensaft und Zuckersirup vermischen, in eine Form gießen und in das Gefrierfach geben.
Fest werden lassen, herausnehmen und zerstoßen.
Das Eiweiß fest schlagen und mit dem Zitronen-Zucker-Sirup gut vermischen.
In einer Backform ausbreiten und wieder für 3-4 Stunden ins Gefrierfach geben, bis die Masse ganz fest wird.
In Schalen servieren und mit kleinen Zitronenscheibchen garnieren.

**Rosenwasser**
Wenn sich im Irak die Gäste verabschieden, werden sie mit Rosenwasser besprenkelt, damit sie den Duft der Einladung noch länger mit sich tragen, sowie als Zeichen dafür, daß sie immer willkommen sind und wieder kommen sollen.

**Weihrauch**
Weihrauch betäubt die Gedanken und erweckt die Sinne. Nichts ist sinnlicher, als ein Zusammentreffen mit Weihrauch zu beginnen und mit Weihrauch zu beenden.

# Kaffee, Tee und Wasser

*Und alles entstand aus Wasser.*

*Beginne es mit Lebenswasser und beende es mit Kaffee.*

Kaffee stillt den Durst und fördert die Weisheit.
Er sollte aber nur in kleinen Mengen genossen werden.

Der arabische Kaffee wird in sehr kleinen, meist zylindrischen Tassen serviert. Vor allem in den Golfstaaten bevorzugt man Tassen ohne Henkel, in anderen Ländern Tassen mit Henkel und Untertasse. In Jordanien, Palästina und Syrien sind beide Arten verbreitet. Die beliebtesten Kaffeebohnen kommen aus dem Jemen, aus Brasilien oder aus Kenia.

## Arabischer Kaffee

*qahwe ʿarabiyye*

Arabischer Kaffee ist eine Kunst, die in Einfachheit begründet liegt und bei der doch jede Bewegung zählt.
Es gibt blond, braun und schwarz geröstete Kaffeebohnen.
Die üblichste Mischung ist ⅓ blond, ⅔ schwarz und eine Handvoll Kardamom. Dann wird alles gemeinsam gemahlen.
Man kann im Grunde genommen jeden Kaffee verwenden; wichtig ist, daß er besonders fein gemahlen wird.

Arabischer Kaffee wird entweder ohne Zucker *(murr)*, mittel *(masbuta)* oder süß *(hilw)* serviert.
Allgemein gilt, daß bei fröhlichen Anlässen wie Hochzeiten und Geburtsfeiern der Kaffee süß sein soll, während er bei traurigen Anlässen wie Beerdigungen bitter sein soll, also ohne Zucker – egal, wie die Leute ihn sonst gern trinken.
Im Folgenden wird die *masbuta*-Variante erklärt.

Für den arabischen Kaffee braucht man eine Kaffeekanne, *rakweh*, auch *bakraj* genannt, und kleine henkellose Täßchen, *finjan* (pl. *fanajin*).
Fülle die Kaffeekanne, nötigenfalls einen kleinen Topf, mit 5 Täßchen Wasser.
Dazu kommen 3 Teelöffel Zucker.
Das Wasser zum Kochen bringen, vom Feuer nehmen und 4 Teelöffel Kaffee dazugeben.
Umrühren und die Kanne wieder auf das Feuer stellen.

1. Einmal aufkochen, vom Feuer nehmen und von unten nach oben rühren.
2. Dann wieder auf das Feuer stellen und noch einmal aufkochen lassen.
3. Zum letzten Mal auf das Feuer stellen und aufkochen lassen.

Den Schaum mit einem Teelöffel auf die Täßchen verteilen und diese dann mit Kaffee füllen.

Der Schaum des Kaffees wird im Arabischen „Gesicht“ genannt, und man sollte sich bemühen, ihn gerecht auf alle Täßchen zu verteilen.
Manche können den Kaffee gar nicht genießen, wenn das „Gesicht“ fehlt, andere lieben ihn nur „gesichtslos“. Am besten fragen!

Wenn kleine Fliegen deine Zimmerpflanzen umkreisen, streue Blätter vom Teeabsud auf die Pflanzenerde. Nach kurzer Zeit sind die Fliegen weg.
Absud von schwarzem Tee ist ein guter Dünger für Zimmerpflanzen. Mische ihn ab und zu unter die Erde, und die Pflanzen werden üppiger gedeihen.
Tee eignet sich auch als Färbemittel, wenn man z.B. nicht mehr ganz weiße T-Shirts beige oder braun färben möchte. Die Kleidungsstücke einfach in schwarzem Tee einweichen. Je dunkler die Farbe werden soll, desto länger muß der Stoff darin liegen.

## Tee mit Kardamom und Zimt

*schay ib-hel wu-qirfe*

Schwarzer Tee mit Pfefferminze, grüner Tee mit Pfefferminze und schwarzer Tee mit Salbei sind weitere verbreitete Teevarianten in Nordafrika und im Nahen Osten.

2 Eßlöffel schwarzen Tee und 6 Kardamomhülsen bzw. ½ Teelöffel gemahlenen Kardamom in eine Teekanne geben.
1 Liter Wasser zum Kochen bringen und das siedende Wasser über den Tee gießen.
Den Tee 4 Minuten ziehen lassen.
Pur bzw. mit Honig, Zitrone, Zucker oder heißer Milch servieren.

**Anis**

Anis hilft gegen Kopfschmerzen, stimuliert die Verdauung, befreit von Blähungen und regt auch den Appetit an. Anistee kann vor und nach dem Essen serviert werden.

Wenn man Anis als Weihrauch anbrennt, dann hilft dies bei der Geburt, und die Nachgeburt kommt leichter hervor.

## Anistee

*schay ib-jansun*

1 Liter Wasser zum Kochen bringen.

4 Eßlöffel Anissamen hineingeben und 10 Minuten ziehen lassen.

Filtern und nochmals zum Kochen bringen.

Währenddessen die Teekanne mit warmem Wasser ausspülen, damit sie vorgewärmt wird, und 3 Eßlöffel schwarzen Tee in die Kanne geben.

Den kochend heißen Anis hineingießen und 4 Minuten ziehen lassen.

Pur bzw. mit Honig, Zitrone, Zucker oder Milch servieren.

*Unterschätze dich nicht!*
*Alles, was wir denken, was wir fühlen und tun,*
*findet überall im Universum seinen Widerhall.*

# Joghurtdrink

*'ayran*

Ein wunderbares Getränk gegen den Durst, vor allem an heißen Tagen!

- 2 Becher Naturjoghurt
- 1 Tasse Wasser
- 1 Tl Salz
- trockene, gemahlene Minzblätter

Joghurt, Wasser und Salz in einer Küchenmaschine mixen, bis die Flüssigkeit schön schaumig wird.
Falls das Joghurtgetränk zu dickflüssig ist, mehr Wasser dazugeben.
Jedes Glas Joghurt mit Minze bestreuen oder pur servieren.

Wenn man raucht, in einem Gebiet mit schlechter Luft lebt bzw. eine zu flache oder disharmonische Atmung hat, ist die folgende Übung zu empfehlen:
Stelle dich aufrecht hin und verteile dein Gewicht gut auf beide Beine. Die Knie sind weich und entspannt.
Hebe die Arme langsam gen Himmel hoch und verankere deine Beine und Füße in der Erde.
Mit dem Einatmen und den Händen nimm das Licht des Himmels auf. Mit dem Ausatmen und dem Senken der Hände bringe diese Kraft in den Körper hinein. Atme durch die Nase ein und aus.
Beim Ausatmen bringe den scharfen Lungenlaut „Ssssss“ hervor, der sich in die Lunge richtet.
Das entlastet und reinigt die Lunge.*

* Vgl. Piontek, Maitreyi D.: Das Tao der Frau. Energiearbeit, Selbstheilung, Sexualität. Kreuzlingen 1996, S. 103 f.

*„ma bishrab illa min ras in-nabi"*

Ich trinke nur vom Ursprung der Quelle.

arabisches Sprichwort

Dieses Sprichwort bezeichnet jemanden, der Informationen und Neuigkeiten nur aus erster Hand bezieht.

## Rosenwasser-Drink

*scharab il-ward*

1 Tasse Zucker
½ Tasse Wasser
3 El Zitronensaft
5 El Rosenwasser

Zucker und Wasser in einen kleinen Topf geben und über kleiner Flamme den Zucker zum Schmelzen bringen.
Sobald das Wasser kocht, den Zitronensaft dazugießen.
10 Minuten lang köcheln lassen, ohne umzurühren.
Wenn nötig, den Schaum abschöpfen.
Rosenwasser dazugeben und weitere 2 Minuten köcheln lassen.
Vom Feuer nehmen und abkühlen lassen.
In einer Flasche aufbewahren.
Zum Servieren 2-3 Eßlöffel Rosenwasser-Drink in ein Glas geben, das Glas mit eiskaltem Wasser füllen bzw. einen Eiswürfel dazugeben.

*Alles beginnt und endet mit Wasser.*

Wenn du durstig bist, dann trinke zuerst drei kleine Schluck Wasser. Das Hinunterstürzen von Wasser erzeugt Leberkrankheiten.

## Wasser mit Minzeiswürfeln

*mayy ib-talj ib-naʿnaʿ*

Einen Eiswürfelbehälter halb mit Wasser füllen und in das Gefrierfach geben. Wenn das Wasser teilweise gefroren ist, den Behälter herausnehmen, in jede Unterteilung ein frisches Minzblatt legen und bis zum Rand mit Wasser füllen. Wieder in das Gefrierfach geben und gefrieren lassen.
Gläser mit Wasser füllen und die Minzeiswürfel hineintun.
Ein Stück Zitrone dazugeben.

## In Deutschland bzw. Österreich gebräuchliche Ausdrücke und ihre Entsprechungen

| **Deutschland** | **Österreich** |
|---|---|
| Aprikose | Marille |
| Aubergine | Melanzani |
| Blumenkohl | Karfiol |
| grüne Bohnen | Fisolen |
| Kartoffel | Erdäpfel |
| Möhren | Karotten |
| Tomate | Paradeiser |

| **Österreich** | **Deutschland** |
|---|---|
| Erdäpfel | Kartoffel |
| Fisolen | grüne Bohnen |
| Karfiol | Blumenkohl |
| Karotten | Möhren |
| Marille | Aprikose |
| Melanzani | Aubergine |
| Paradeiser | Tomate |

# ORIENTALISCHES
# im Promedia-Verlag

**Rosina-Fawzia Al-Rawi:**
**„Der Ruf der Großmutter“**
oder die Lehre des wilden Bauches
208 Seiten, viele Photos, DM 29,80; sFr. 27,50; öS 218.-
ISBN 3-85371-110-3

**Peter Feldbauer:**
**„Die islamische Welt 600 - 1250“**
Ein Frühfall von Unterentwicklung?
620 Seiten, historische Karten, Großformat, DM 78.-; sFr. 71.-; öS 569.-
ISBN 3-900478-92-9

**Gertrude Bell:**
**„Miniaturen aus dem Morgenland“**
Reiseerinnerungen aus Persien und dem Osmanischen Reich 1892
224 Seiten, gebunden mit Lesebändchen,
mit alten Stichen reich bebildert,
DM 39,80; sFr. 37.-; öS 291.-
ISBN 3-85371-125-1

**Gertrude Bell:**
**„Am Ende des Lavastromes“**
Durch die Wüsten und Kulturstätten Syriens (1907)
304 Seiten, gebunden mit Lesebändchen,
mit alten Stichen reich bebildert,
DM 39,80; sFr. 37.-; öS 291.-
ISBN 3-900478-40-6

**Ida Pfeiffer:**
**„Reise in das Heilige Land“**
Konstantinopel, Palästina, Ägypten im Jahre 1842
288 Seiten, gebunden mit Lesebändchen,
mit alten Stichen reich bebildert,
DM 39,80; sFr. 37.-; öS 291.-
ISBN 3-900478-98-8